Tenerife

EVEREST

Text: Graciliano Martín Fumero

Fotos: Justino Díez
Jorge Perdomo (S. 7, 8-9, 10, 11b, 12, 27, 40-41, 43a, 43b, 66, 68, 69, 71b)
Paolo Tiengo (S. 3, 4a, 4b, 6c, 14a, 18, 20, 24, 24-25, 26, 30-31, 33c, 37, 77a, 77b, 78a, 78b, 79)
Oliviero Daidola (S. 28, 36, 42)
S. 16b: Loro-Parque, Puerto de la Cruz

Layout und Satz: Gerardo Rodera

Umschlaggestaltung: Alfredo Anievas (F. Paolo Tiengo)

Übersetzung aus dem Spanischen: EURO:TEXT

Nachdruck, auch auszugsweise, verboten. Kein Teil dieses Werkes darf ohne schriftliche Einwilligung der Inhaber des Copyrights in irgendeiner Form (Fotokopie, Mikrofilm oder ein anderes Verfahren) reproduziert oder unter Verwendung elektronischer Systeme gespeichert, verarbeitet, vervielfältigt oder verbreitet werden.
Alle Rechte vorbehalten, einschließlich des Rechts auf Verkauf, Vermietung, Verleih oder jegliche andere Form der Überlassung dieses Werkes.

3 AUSGABE
© EDITORIAL EVEREST, S.A.
Carretera León-La Coruña, km 5 - LEÓN
ISBN: 84-241-3852-X
Depósito legal: LE. 105-1997
Printed in Spain

Druck: EDITORIAL EVERGRAFICAS, S.L.
Carretera León-La Coruña, km 5 - LEON (Spanien)

TENERIFE (TENERIFFA)

Gleich einem Edelstein in seiner Fassung erhebt sich die Insel aus der Unermeßlichkeit des Atlantischen Ozeans. *Achinech, Nivaria, Echeide, Tener-Ife…*: all diese Namen wurden ihr im Lauf der Jahrhunderte verliehen; jeder einzelne beschreibt einen Abschnitt ihrer Geschichte, bis zum heutigen Namen: Teneriffa. Der *Adelantado* (Statthalter des Königs) Alonso Fernández von Lugo und seine Truppen nehmen das größte Eiland des kanarischen Archipels am 25. Juli 1496 für die Kastilischen Krone in Besitz.

Auf einer Fläche von 2.036 km² beherbergt unsere Insel (Legende, Ballade, Ode) 646.361 Einwohner, die auf 31 Gemeinden verteilt sind. Hier befindet sich auch der Teide, der höchste Berggipfel Spaniens.

Ihre klimatische Vielfalt verleiht ihr großen Reiz und die einzigartigen Bergzüge verwandeln sie in ein Paradies mit magischer Anziehungskraft, rätselhaft und vom Schleier des Geheimnisvollen umwoben. In ihrem Innern birgt sie großen Reichtum an Pflanzen- und Tierarten.

Im Norden und im Süden erheben sich große Touristenzentren, die alles Erdenkliche für die Freizeitgestaltung ihrer Besucher bieten. Die Gastfreundschaft und das freundliche Wesen der Einwohner sind allgegenwärtig.

Ihr künstlerisches, historisches und musikalisches Erbe ist gewaltig und sie blickt auf eine lange folkloristische und gastronomische Tradition zurück: Hier verbindet sich das Bodenständige mit den Beiträgen aus anderen Gegenden.

Teneriffa ist eine Mischung aus Weltläufigkeit und Authentizität, der Zauber von Stille und Traum, von beschaulichen Gedanken in der Weite des Erdkreises.

Landschaft bei Santa Úrsula.

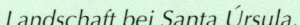

TENERIFE

4

Im Nordosten der Insel, auf der ungeschliffenen, abrupt aufragenden, offenen Anaga-Halbinsel, liegt, am Südhang der Hauptkordillere, die Hauptstadt der Insel: die Sehr Ergebene, Ehrwürdige, Unbesiegte und Freigiebige Stadt **Santa Cruz de Santiago de Tenerife,** Hafen und Handelsplatz. Stattlich liegt die Stadt vor uns. Sie strahlt eine Alltäglichkeit aus, die zur Anwesenheit der Touristen im Kontrast steht, die hierher kommen, um zu bewundern, was die Stadt nach fünfhundertjährigem Bestehen ihren Augen zu bieten hat. Santa Cruz de Santiago de Tenerife, ein bißchen unruhig ob des bedeutenden Jubiläums, beeilt sich, sein Festtagsgewand anzulegen. Die Hauptstadt erstreckt sich bei einer Einwohnerzahl von 202.237 derzeit auf einer Fläche von 136 km² und streckt sich auf der Suche nach mehr Platz rechtwinklig nach Süden aus. Auf der Meerseite liegt der Hafen, Gegenstand vielfältiger künstlerischer Inspiration: alt und voller Narben, die ihm eine Vielfalt von Ereignissen beigebracht hat, aber doch immer bereit für einen Besuch und für den Austausch. Nicht weit davon befinden sich ehrwürdige Orte wie die *Plaza de España* mit ihrem Denkmal zu Ehren der Gefallenen. In diese Zone

der Erweiterung führen unzählige Straßen voller Geschäfte und prächtiger Gebäude wie der Palast des Inselrates, das Post- und Telegraphenamt, etc…

Zwei Szenen vom berühmten Karneval von Santa Cruz.

Auf der folgenden Seite: Detail des Gefallenendenkmals auf der Plaza de España.

Concepción-Kirche in Santa Cruz.

Plaza de España.

Playa de las Teresitas.

Und in diesen Straßen, die alten steinernen Schmuckgirlanden gleichen und sich allerorts des Asphalts zu erwehren haben, erblickt man Baudenkmäler künstlerischer, wirtschaftlicher und religiöser Zweckbestimmung, wie z. B. die Kirche *Nuestra Señora de la Concepción,* zu Ende des 15. Jh. errichtet, das ehemalige Inselhospital oder Zivilkrankenhaus –im neoklassizistischen Stil–, das heute als Museum dient, das Finanzamt und, unweit davon, den Palast des Präsidenten. All diese Gebäude stehen an der baumbestandenen Avenida de Bravo Murillo. An einer anderen Ecke der begehrten, fröhlichen Stadt der Emigranten, erstreckt sich eine weitere Avenue: eine mächtige Befestigungsmauer, Zeuge von Schlachten aus früheren Zeiten, wie der Niederlage, die Admiral Nelson vor der Küste von *Añaza* erlitt, dem heutigen Anaga, an dessen Seite sich eine Festung erhebt, die durch alle Zeiten einen unberechenbaren Ozean bewacht hat: die *Almeida*-Kaserne. Und an dieser Küstenstraße reihen sich andere Gebäude, Stadtviertel und Geschäfte aneinander; an ihrem Ende gelangt man an den Hafenbezirk *San Andrés,* der zwischen Felsen die *Playa de las Teresitas* birgt, einen Strand mit goldgelbem Sand. Davor liegt ein Damm, der das aufbrausende Meer zurückhält und seine ewige, unerschöpfliche Kraft in ihre Schranken weist. Hier trifft man auf Schiffe, Fischer und eine rationale Welt, die freie Minuten und Stunden zu genießen sucht.

TENERIFE

7

Almeida-Festung, im Hintergrund der Hafen. Unten: Playa de las Teresitas.

Auf der folgenden Seite: Gesamtansicht von Santa Cruz.

Weiter nach Norden kommt man, auf abseits gelegenen, gewundenen Sträßchen und Wegen voran, die streckenweise einen herrlichen Rundblick bieten, in den Ausläufern des Gebirgsmassivs, zwischen Felshängen, Klippen und kleinen Buchten. Und auf diesen steinigen, bergigen Wegen gelangt man zu einem Dorf: ein abgelegener Weiler, Tor zu einer ursprünglichen, unkomplizierten Welt, weit ab vom geschäftigen Treiben der Hauptstadt; Ergebnis der Erosion, die den Berg verformt hat und die Arterien zu Tage treten läßt: **Taganana;** dieser Ort wacht eifersüchtig über ein Gotteshaus, das *Nuestra Señora de Las Nieves* (Unserer Heiligen Frau vom Schnee) geweiht ist; im Innern der Kirche wird ein flämischer Triptychon aus dem zweiten Drittel des 16. Jh. aufbewahrt. Wir machen uns auf den Rückweg, um in unseren Erfahrungsschatz neue Orte und Eigentümlichkeiten einzureihen, mit einem kurzen Halt in **San Cristóbal de la Laguna,** der ältesten Stadt auf der Insel. »Gewähre mir die Ehre, Dich unter meine Fittiche zu nehmen/o, Stadt, in deren Gassen hat pulsiert/das Blut meiner Venen, diese Nachtigall;/o, Stadt, die Du Dich erhebst/mit dem Antlitz der Freiheit des Horizonts zugewandt« (Pedro García Cabrera). Eine altehrwürdige, gebildete, Stadt, von edlem Betragen, in deren Gassen sich die Stille mit gebeugtem Rücken unter der Gnade der Sonne ihren Weg ertastet. Der Turm der Unbefleckten Empfängnis, der über die Kirche gleichen Namens wacht *(Iglesia de la Concepción),* ein Wachposten im platereskes Stil, der schon manchen Zank gesehen hat… Und weiter hangabwärts, die Kathedrale, Bollwerk, Schatztruhe und Beichtstuhl, ein Museum von großem architektonischem Wert mit bedeutenden Skulpturen und Bildern.

TENERIFE

11

*Gegenüberliegende Seite:
Blick auf Taganana.*

*Rechts: Turm der Kathedrale
von La Laguna.*

Unten: Anaga-Felsen.

LA LAGUNA

Aguere… die Muse und ehemalige Hauptstadt, ruht am Berghang, dort, wo die Tage, von Nebelschwaden eingehüllt, im Reigen Hexensabbat feiern. Die Stadt wurde 1496 gegründet und war Sitz des esten Inselrates, von dem alle Verfügungen ausgingen; hier entfalteten alle Organe der Zentralverwaltung ihre Tätigkeit. Mit einer Ausdehnung von 102,05 km² und 112.917 Einwohnern ist die Stadt der Statthalter offen für den kulturellen Austausch im Eilschritt; die Worte werden zu Kristallen und fallen zu Boden, wo sie, fern von jeder Unterhaltung, unbeweglich auf den Pflastersteinen liegen bleiben, die von soviel Verkehr schon ganz abgeschliffen sind.

La Laguna, aristokratischer Bischofssitz mit reichem geschichtlichem Erbe: der Stadtkern wie ein Teppich, mit der typischen Kolonialstruktur aus der Gründerzeit. Aber San Cristóbal ist –dank der Augustiner– seit 1744 auch Universitätsstadt. 1844 wurde das erste Lehrgebäude errichtet, das dem *San Fernando* gewidmet wurde. 1927 wurde es zum Universitätsgelände.

Der Campus: voll Freude und voller Enttäuschungen, mit Verschwörungen, geheimen Liebschaften im Gestrüpp, Begegnungsstätte von Kulturen.

La Laguna begibt sich im Sommer auf Wallfahrt, auf eine Route von folkloristischen Begegnungen; wird zum kosmopolitischen Treffpunkt, an dem philosophische Gespräche geführt und Prozessionen abgehalten werden.

San Cristóbal de La Laguna streckt die Hand aus zur Begegnung mit anderen Landstrichen jenseits der Meere mit ähnlichen Sprachen.

Universitätsgelände von La Laguna.

Oben: Blick auf den Lago Martiánez-Komplex.
Links: Wandgemälde in La Victoria de Acentejo.
Unten: Sanktuarium Cristo de Tacoronte.

Gegenüberliegende Seite:
Lago Martiánez in Puerto de la Cruz.

Auf dem Weg nach **Puerto de la Cruz** stößt man auf eine weitere Ortschaft, wie ein Leberfleck auf der Haut der Insel: **La Matanza de Acentejo.** Diese nördliche Gemeinde mit 6.172 Einwohnern erstreckt sich auf 14,11 km². Hier spielt der Weinanbau eine wichtige Rolle. Berühmte Säfte, die zu Gesängen anregen und Illusionen wecken. La Matanza de Acentejo ist historischer Schauplatz von traurigen Begebenheiten, die ihm seinen Namen (das Massaker) gaben. In den Barrancos seiner Berghänge kam es im Jahr 1494 zu einer wichtigen Schlacht zwischen den Guanches und den Truppen des Statthalters, in deren Verlauf die Guanches die Oberhand behielten und ihre Gegner dezimierten. Das Schlachtfeld, der *Barranco (Schlucht) de San Antonio,* verwandelte sich in einen Friedhof. Der Ort ist heute auch Zielpunkt der weihnachtlichen Wallfahrt zu Ehren von *San Antonio Abad;* hier hält man in der Pfarrkirche *El Salvador,* zum Klang des uralten *Tajastre,* die Tradition des *Baile del Niño* (Tanz des Kindes) in Ehren.

TENERIFE

16

Drei Ansichten von Loro Parque in Puerto de la Cruz.

Noch im Gebiet des Acentejo, in einer anderen Gemeinde, das »Guernica« der Kämpfe des 25. Dezember 1495, die Ortschaft **La Victoria de Acentejo:** folkloristisch, von großem gastronomischem und kunsthandwerklichem Interesse, ein abgelegener Ort, der ins Meer hinausragt. Und, ebenfalls am Meer gelegen, eine weitere Gemeinde: **Puerto de la Cruz,** der ehemalige Hafen von La Orotava. Ein sehr touristischer und kosmopolitischer Ort, Ruheplatz für den Fremden. Mit Attraktionen wie dem »Papageienpark«, dem Martiánez-See, dem Kastell *San Felipe,* und dem Botanischen Garten, der eine Vielzahl von Blumen und Pflanzen des ganzen Erdkreises beherbergt. Die Ablösung des historischen Ortes selbst aus der Gemeinde von La Orotava erfolgte unter König Felipe IV, nach der Unterzeichnung der Königlichen Urkunde vom 1648. **Puerto de la Cruz** feiert viele Feste: in der Johannisnacht, mit dem Viehtrieb ins Meer, das heilende Kräfte hat; an *San Andrés* mit dem »Schwur auf die Pfeife«, an *Santa Lucía,* und zu vielen anderen Gelegenheiten.

El Sauzal.   *Puerto de la Cruz bei Nacht.* ▶

Auf der Landstraße nach Tacoronte, die sich in Serpentinen bergab bis zur steil abfallenden Küste hinabschlängelt, stößt man auf eine weitere Gemeinde: **El Sauzal.** Diese Gemeinde ist reich an Quellbächen und damit an fruchtbarem Land, das sich gut zum Anbau eignet. Zum Dank für derart günstige Umstände ließ Alonso Fernández de Lugo die Einsiedelei der *Virgen de los Ángeles* (Hl. Jungfrau der Engel) errichten. Historische Bedeutung erlangte der Ort zu Ende des 16. Jh., als er während einer gewissen Zeitspanne als Sitz von Regierung und Verwaltung diente. In dieser Zeit wurde er auch von der sogenannten »Londoner Pest« heimgesucht. El Sauzal war jedoch auch eine wichtige Siedlung der Ureinwohner Teneriffas, im *Barranco de Cabrera.* Jetzt ist der Ort ein üppiger Blumengarten, und seine Kirche *San Pedro* aus dem 16. Jh. –die einige Kunstschätze birgt, wie z.B. ein Bildnis des Jesuskindes aus dem 17. Jh. oder einen Tabernakel aus Silber– lädt zur Besinnung ein. Vor der Küste El Sauzals herrscht reger Schiffsverkehr. **Tacoronte** ist ein sehr typischer Ort, immer zu Festen aufgelegt, voller Hingabe, ein Karussell, das durch seine Bräuche in Bewegung gehalten wird. Eine Stadt mit vielen Gesichtern: mit zahlreichen Gotteshäusern, wie der Kirche *Santa Catalina,* der Kirche *Cristo de los Dolores* (Christus der Schmerzensreiche); ein Ort, der an Fronleichnam seine Frömmigkeit in den Straßen zeigt; aber auch ein Ort, der sich anläßlich seiner *Piñata Chica* im Handumdrehen verkleidet, oder dem Gott Bacchus seine Weine entwendet, um sie in der berühmten *Alhóndiga* (dem ehemaligen Getreidemarkt) anzubieten.

Blick von El Sauzal auf die Nordküste. Weihnachtsstern.

Blick vom Aussichtspunkt Mirador de Humboldt auf La Orotava.   Bananenpflanzen in La Orotava.

Turm der Kirche Nuestra Señora de la Concepción in La Orotava.

La Orotava. Rathaus.

Kirche Nuestra Señora de la Concepción in La Orotava.

Blick auf die Altstadt von La Orotava. ▶

Im Herzen der Insel, zwischen den Hängen und dem Talgrund in der Nähe des Vulkans, liegt **La Orotava,** ein weiterer Ort von *Nivaria*. *Taoro,* smaragdfarbener Raum, der edle Heimstätten birgt; das Land von *Bentenuhya* und dem Adoptivsohn Humboldt; hier befindet sich der Teide-Nationalpark.

Der Ort **La Orotava** ist ein Überbleibsel aus längst vergangenen Zeiten; die Häuser des Ortskerns gehen auf den Beginn der Kolonisierung zurück, die nach der Eroberung Teneriffas einsetzte; dazu zählen die sogenannten »Zwölf Häuser«, prächtige Anwesen, die Soldaten des Statthalters gehörten. Dank der prosperierenden Landwirtschaft und einer blühenden Wirtschaft erlangte der Ort im Jahr 1648 die Unabhängigkeit von La Laguna. In den Straßen von La Orotava finden sich Gebäude aus dem 17. und 18. Jahrhundert von unschätzbarem Wert, wie z.B. die *Casa de los Balcones,* oder die Häuser der Geschlechter derer von Medina, von Monteverde oder von Lercado, etc.

Zu den Schätzen La Orotavas gehört auch die Kirche *La Concepción* (Unbefleckte Empfängnis), die in der zweiten Hälfte des 18. Jh. von den Architekten Diego Nicolás und Ventura Rodríguez errichtet wurde, mit einer Barockfassade und Stilelementen aus dem Rokoko, und die einige bedeutende geistliche Kunstwerke birgt. Dazu zählen u.a. die drei Altarbilder, ein Bildnis des Hl. Petrus, angefertigt von Estévez, die Schmerzensreiche und ein Bildnis vom Hl. Johannes dem Evangelisten aus der Hand Lujáns, Fresken von Cristóbal Hernández de Quintana und Gaspar de Quevedo.

Blumenteppiche beim Stadtfest in La Orotava.

Casa de los Balcones (Haus der Balkone) in La Orotava.

La Orotava, ein Einsprengsel in einem rätselhaften Tal, in dem verschiedenartigste Gebräuche verschmelzen und sich mit Traditionen aus anderen Ländern und Kulturen zu einem Regenbogen der Hoffnung verbinden. La Orotava, eben und hochgelegen, ein großer Garten mit vielfältiger Landwirtschaft. Üppiger Pflanzenwuchs, mit Pinienwäldern und einheimischen Baumarten auf seinen Anhöhen. Seine dichten Geißklee- und Ginsterfelder verleihen den Nebelschwaden, die von der Anhöhe herabsteigen, ein besonderes Aroma.

La Orotava, das sind Aguamansa, Benijos, La Florida, Pinoleris, die Schlucht *Barranco de la Madre* und *Barranco de Pedro Gil,* das ist *La Caldera* (die Kaldera), *El Rincón* (der Winkel), der *Bollullo.*

In La Orotava und der *Bananera* werden unablässig Bananen zu Likör und Marmelade verarbeitet.

La Orotava: das sind auch seine Wassermühlen, wirkliche Kunstwerke, die das flüssige Element überallhin transportieren und so den Bedarf decken und Träume Wirklichkeit werden lassen.

La Orotava: das sind Kunsthandwerk und Festlichkeiten. Hier wird mit allen möglichen Materialien und Techniken gearbeitet: Stickarbeiten (auch Lochstickerei), Makramee, Webarbeiten, Holzschnitz- und Schreinerarbeiten, Leder, etc.

La Orotava ist auch Wallfahrtsort, zu *San Isidro* und zu Ehren der *Santa María de la Cabeza;* dann ist das Dorf von Traditionen durchdrungen und legt sich die wirklich typische Inseltracht an, die ganz im Zeichen der traditionellen Folklore steht.

La Orotava: das sind die Gärten des *Santa Clara*-Klosters, die im Volksmund auch »Ableger des Botanischen Gartens« heißen. Hier findet man Pflanzenarten aus drei Kontinenten vor: Zedern, Drachenbäume und Palmen wachsen gleich neben Bambus, Sambucos und Kaffeesträuchern; Stechäpfel und Farne stehen einträchtig neben Hortensien und Wisterien, Seerosen, Papyrus, Araukarien, Magnolien; kurz, eine grüne Lunge, die einen Großteil dieses Tals voller Erinnerungen mit Sauerstoff und Wohlgerüchen versorgt.

Wassermühle in La Orotava.

*Nationalpark Las Cañadas del Teide. Rechts: Roque Chinchado.
Nachfolgende Doppelseite: Der Teide.*

La Orotova feiert auch Fronleichnam auf besondere Art und Weise: Straßen werden mit wahren Kunstwerken tapeziert; die rotbraune Erde vereint sich mit Rohr und Blumenblättern zu Schmuckbildern mit religiösen Motiven.

Zu La Orotava gehört natürlich auch der **Teide-Nationalpark,** dessen Gebiet den Ureinwohnern einst zur Weidewirtschaft diente, bevor es am 22. Januar 1954 zum Naturpark erklärt wurde. Auf den Feldwegen von Aguamansa betreten wir das exotische Paradies von *Las Cañadas,* eine geheimnisvolle, beeindruckende Landschaft. Der Naturpark hat eine Ausdehnung von 135 km^2; seine Grenzen liegen auf 2.000 m Höhe. Er besteht aus fast senkrecht aufragenden Felswänden und kegelförmigen Formationen, den sogenannten *Circos* (Zirkusse), aus deren Mitte der Teide mit einer Höhe von 3.718 m emporragt. Zu der Schutzhütte auf seinem Gipfel führt eine Seilbahn. Diese Anhöhen, wie die von Guajara oder der Krater von Montaña Blanca (Weiße Berge) oder die Ucanca-Hochebene, sind Schauplatz zahlreicher Legenden. Und aufgrund der schichtweisen Überlagerung mehrerer Lavaströme bietet sich dem Auge eine farbenprächtige Landschaft in seiner ganzen Vielfalt; die Gegend heißt im Volksmund auch *Los Azulejos* (Schmuckfliesen). Eine Landschaft der ewigen Stille mit einer sehr eigenen Vegetation: Ginster, Geißklee, Zeder, Levkojen, Teide-Veilchen, *Tajinaste;* ein buntes Spiel von Farbtupfern auf dem graugelben Boden, den sie bedecken. In *Las Cañadas* liegt der *Parador Nacional de Turismo* (Staatlich geführtes Hotel), der dem Besucher nach einem anstrengenden Weg Ruhe und Erholung bietet. Der Name *Las Cañadas* steht für Gottesacker, *Idafe,* für einen angenehmen, sorglosen Traum.

Und aus den Höhen steigt der Dunst zum Meer hinab, um sich in Gischt zu verwandeln, und hüllt die altehrwürdigen Berge in ein Festtagsgewand, das ihre Silhouette verbirgt.

Parador Las Cañadas del Teide.

Folgende Seite: Drei Ansichten vom Nationalpark

EL TEIDE

Der Teide gehört zu La Orotava; er ist 3.718 m hoch.
Nach der geologischen Lehrmeinung liegt seine Entstehung 600.000 Jahre zurück; allen Anzeichen nach ist der Entstehungsprozeß noch nicht abgeschlossen: Der letzte Vulkanausbruch ereignete sich 1798, außerdem sind noch Fumarolen zu beobachten.
Er liegt im Zentrum von *Las Cañadas*. Leoncio Alfonso schreibt über ihn: »Es handelt sich hier um die herausragendste und spektakulärste Formation auf der ganzen Insel; von seinem Fuß gemessen, ragt sie 1.700 m empor und besteht aus einem Doppelvulkan«. Man nimmt an, daß der Doppelkonus, der *Pico Viejo*, vor etwa 2.000 Jahren entstand.
Nach dem Aufstieg aus der steinernen Festung hat man einen hervorragenden Ausblick auf Täler und Ebenen. Die ganze Landschaft dort unten hat von hier aus ein Flair von Rätselhaftigkeit.
Im Teide-Nationalpark herrscht ein für subtropisches Hochgebirge typisches Klima. Aufgrund seiner Lage oberhalb der Inversionszone der Passatwinde sind jedoch die Temperaturen höher und die Feuchtigkeit geringer. Im ganzen Gebiet ist üppiger Bewuchs von einheimischen Pflanzen, wie z.B. Ginster, zu verzeichnen.
Der Gipfel des Teide, Gott der Vorväter, die gute Vorzeichen herbeiriefen, steht bereit, um als Kulisse für die erhabensten Gedanken zu dienen.

TENERIFE

34

Zwei Ansichten aus der Gegend von Los Realejos.

Innerhalb des Bezirks von Taoro stoßen wir auf eine weitere Gemeinde: **Los Realejos.** Sie umfaßt mehrere unterschiedliche Höhenzüge und wird von Barrancos durchschnitten... La Rambla und Hondo, durch die gegenläufige Echos hallen, vom Plätschern des Wassers oder dem Pfeifen des Windes untermalt. Gipfel, die zu Anhöhen abflachen und dann zum Meer hin abfallen. Die Berge sind mit Pinien bestanden, wo in besonderen Momenten der Dämmerung die unberührte Natur uns besondere Melodien zum Besten gibt. Am Ende, die Küste: Sie fällt steil ab, verflicht Seufzer mit der Morgenröte; hier stranden in den sommerlichen Morgenstunden die Erinnerungen. An ihr sind die Touristenzentren verstreut: La Romántica, Rambla de Castro, etc. Aber Los Realejos ist ebenfalls tief in der Inselgeschichte verwurzelt. Hier schlugen die Truppen des Statthalters ihre Zelte auf, bevor sie gegen die übriggebliebenen Guanche-Rebellen ins Feld zogen. Los Realejos ist auch Grabstätte des Guanche-Fürsten Bentor, der sich von den Tigaiga-Gipfeln in den Tod stürzte. Berühmt ist der Ort auch dank eines großen Historikers und Gelehrten, José Viera y Clavijo. Los Realejos ist ein Bollwerk des Glaubens und typischer Gebräuche, voller Sehenswürdigkeiten; ein Gut der Fürsten, Eigentum des Königlichen Statthalters Alonso Fernández de Lugo, in ein blühendes Tal voller Legenden eingeflochten.

Drachenbaum und Blick auf Icod de los Vinos.

ICOD DE LOS VINOS

Die Ländereien Bentenuhyas führen uns auf günstigen Kurs zu neuen Fronden, La Guancha und San Juan de la Rambla; hier betreten wir einen neuen Bezirk: Icod de los Vinos.

Icod oder *Benico den de Chincanairo,* ist eine Landschaft der steilen Abhänge, der tiefen Einschnitte, die den Berg durchziehen, einer Steilküste mit weit überhängenden Felsklippen, einer kleinen Bucht, die als Hafen dient, und Strand: Bei *San Marcos* haben die Ruhestunden, im Einklang mit dem Meer, die Lava abgeschliffen und neu geformt; eine Schatztruhe voller Überraschungen.

Und der schwarze Sand, flicht in die Gischt Schals der Geschichte ein, damit sie der Luft Wärme spenden.

Icod: Da ist sein Drachenbaum auf dem *Lorenzo Cáceres*-Platz, erschöpft vom Lauf der Zeit und von soviel alltäglichen Episoden, dergestaltem Epos der Namenlosen.

Ein festliches, altertümliches *Benico den,* voll Hingabe; hier tanzt nachts die Luft zum Klang des *Tajaraste*.

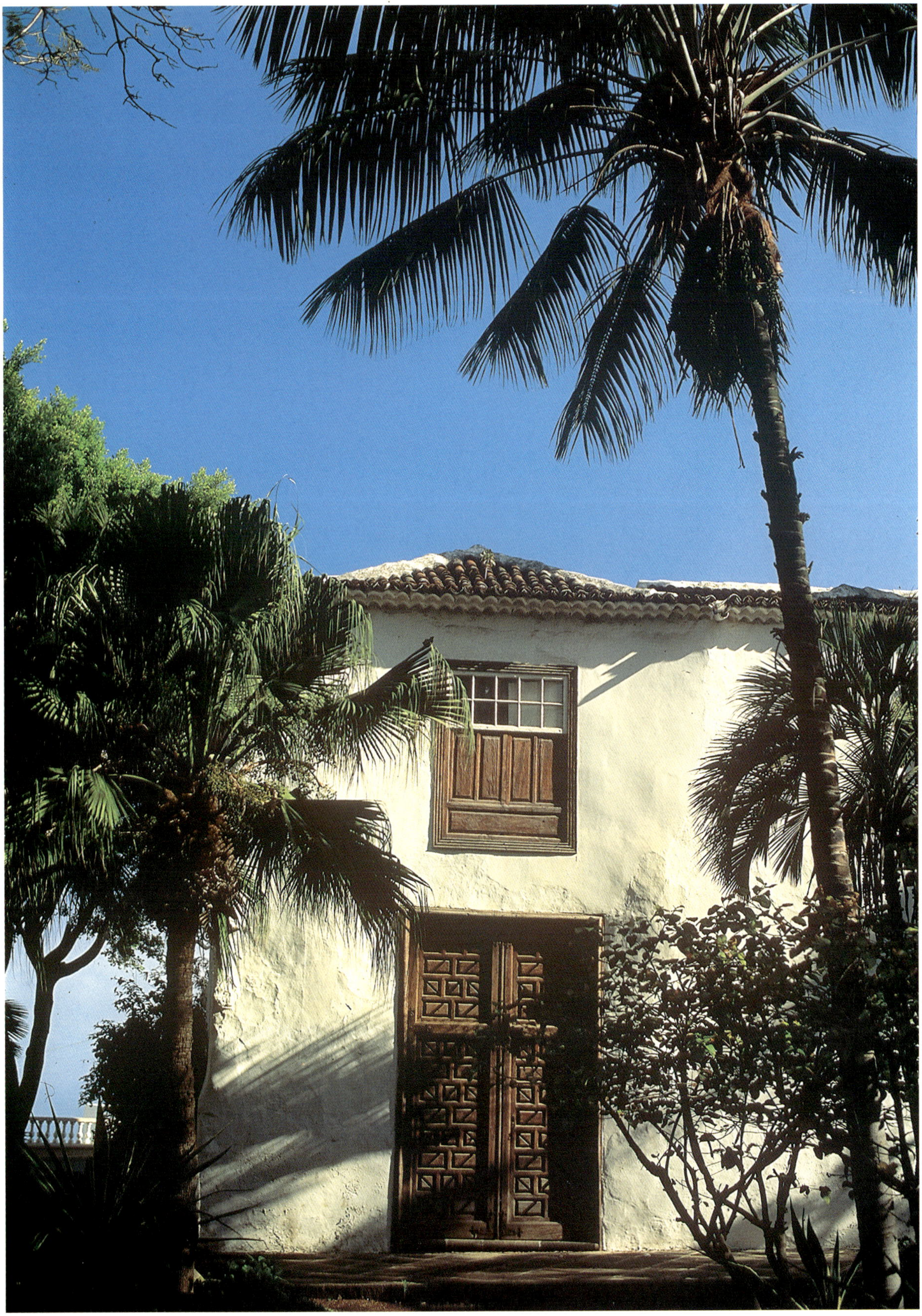

Eingang zur Burg San Miguel in Garachico.

Und vom Icod des Emeterio Gutiérrez Albelo geht es weiter ins Gebiet von Daute, den Landkreis von Teno, in dem sich auf einer kleinen Ebene in Muschelform die Gemeinde von **Garachico** erhebt. Da ist die Bucht von Interián, nach der Eroberung der Insel Eigentum von Genueser Familien: Cristóbal de Ponte, Maeo Viña, Agustín y Pantaleón Italiano, Pedro de Interián, Fabián Viña Negrón. Erinnerung an das frühere Garachico kommt hoch, das unter der Lava begraben liegt, die die *Montañas Negras* (Schwarze Berge) 1706 ausspien.

Ort und Hafen sind reich an architektonischen Sehenswürdigkeiten: Die Burg *San Miguel,* aus dem 16. Jh., in der das künstlerische Interesse im eigentlichen praktischen Nutzen bestand. Es handelt sich um eine Festung mit sehr dicken Mauern, Wehrtürmen an den Ecken, einem Glockenturm für die Warnung vor dem heranrückenden Feind, eine mit Schießscharten und Zinnen bestückte Mauer, über dem Haupttor das Wappen des Burgherren. Die Burg wurde kürzlich restauriert und für Ausstellungen eingerichtet.

Weiterhin ist die Kirche *Santa Ana* zu nennen, das Kloster der Konzeptionisten, die der Dominikaner und der Franziskaner, die Kirche *San Pedro de Daute,* aus dem 15. Jh., der Palast der Herzöge von La Gomera, aus dem 17. Jh., mit einer Barockfassade, die Häuser von Lamero de Ponte, etc. Da ist auch die alte *Puerta de Piedra,* einst Durchgangspforte, heute Park und Zufluchtsort der Dichter.

Aber wir wollen weiter Landschaften und Eindrücke zu Fäden spinnen, die wir in den Teppich unserer Gedanken einweben.

Wir befinden uns noch in Daute, in der Gemeinde von **Buenvista del Norte,** am Meer, dort wo der Ozean gegen gewaltige Felsen und hoch aufragende Klippen anbrandet, von denen herab sich die Stille in den Tod stürzt, oder von denen aus neue Hoffnungen in See stechen.

Und der Barranco ertränkt seine Klagen im Meer, reinigt sich mit der Gischt und verbirgt seine Geschichte im tiefsten Innern seiner Felsspalten. Vom Barranco aus landeinwärts stoßen wir auf einen typischen Weiler, eine echte Sehenswürdigkeit: **Masca.**

Nächste Seite: Gesamtansicht von Garachico. ▶
Nachfolgende Doppelseite: Playa de San Marcos in Icod.
Detail von Garchico.

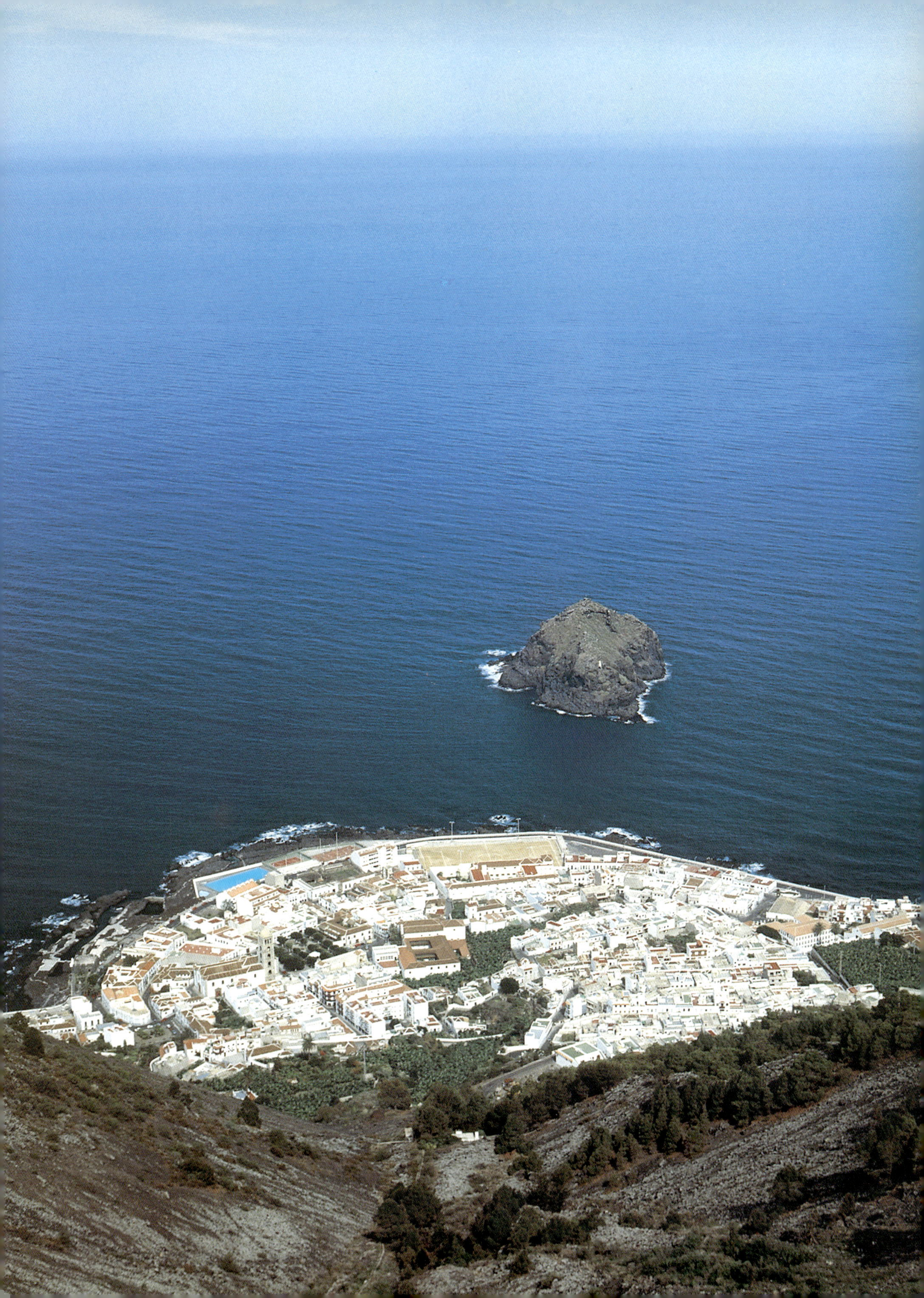

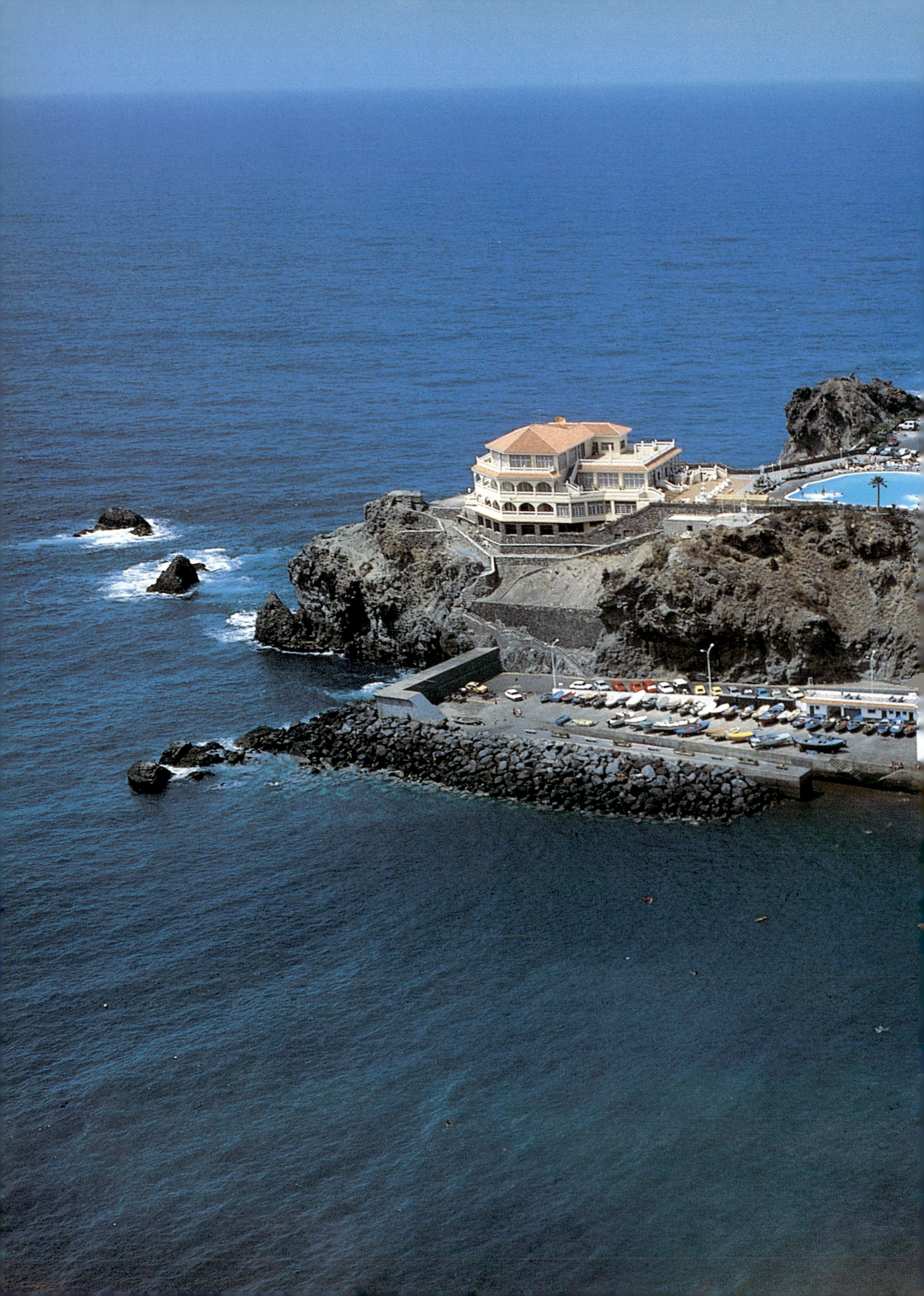

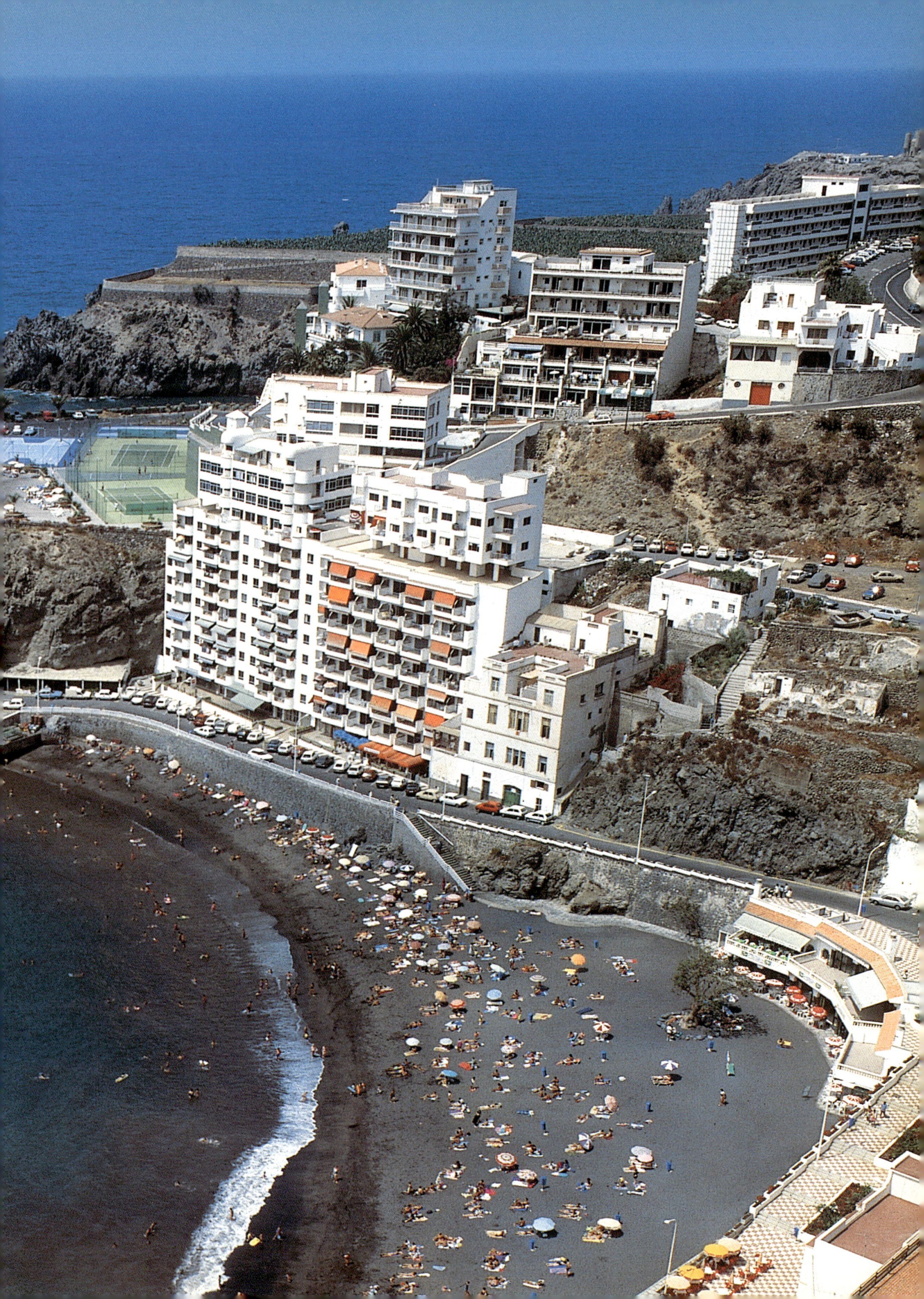

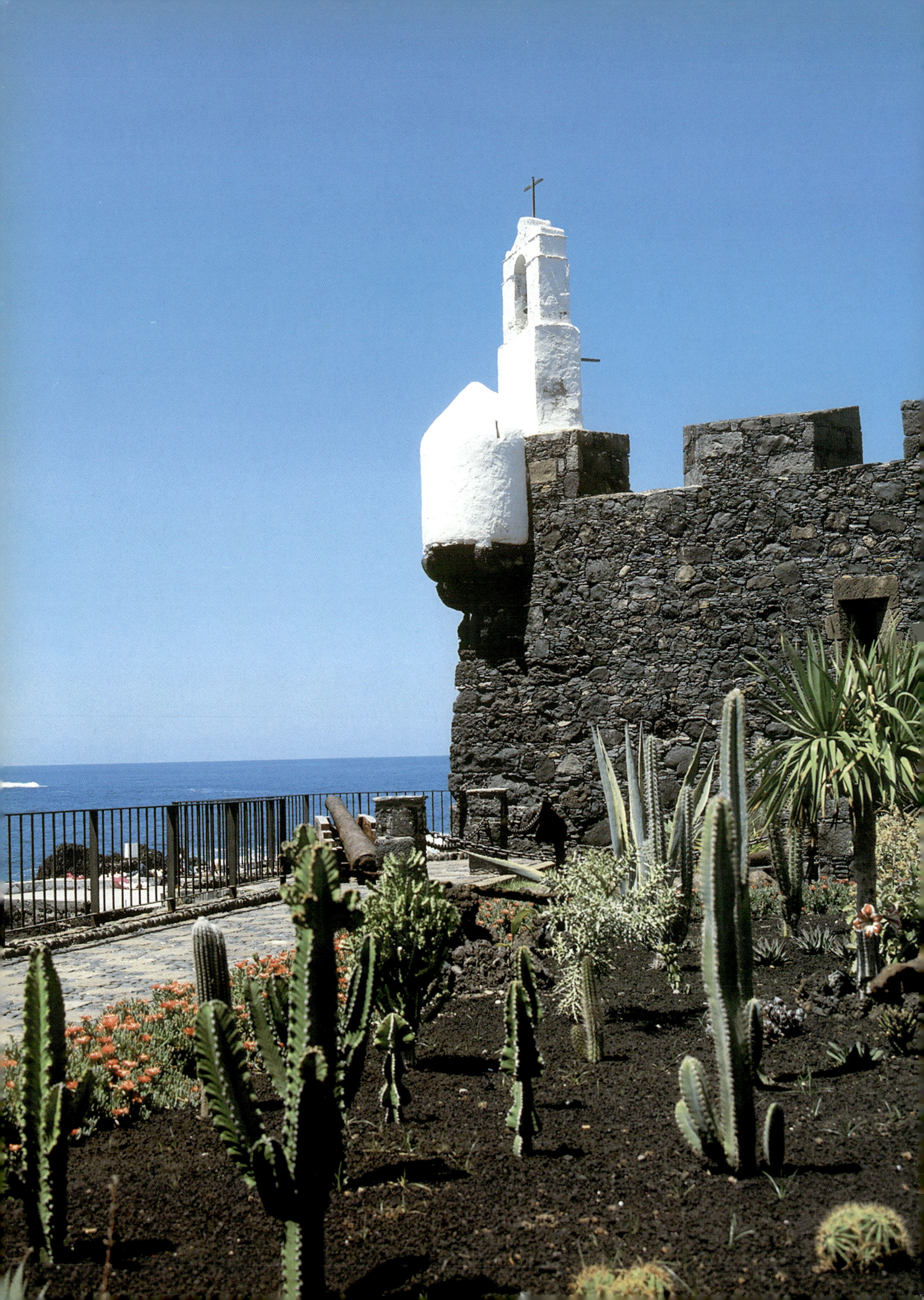

Küste bei Buenavista. *Barranco de Masca (Masca-Schlucht).*

Masca ist der geeignete Ort für Besucher, die einige Stunden inmitten der Natur verbringen und gleichzeitig die ursprüngliche, traditionelle Architektur bestaunen wollen, die sich hier völlig unverfälscht erhalten hat. Die Gehöfte nisten auf kleinen Anhöhen, die stolz auf die gähnenden Schluchten des Barrancos hinabblicken. Die Zweige der Orangen —und Mandelbäume wiegen sich tagein, tagaus bedächtig im Wind. Gegen die Hänge heben sich Orangen— und Zitronenbäume ab; die schweigsame Palme ist ein treuer Gefährte. Masca ist ethnographisch, ein Ort des Kunsthandwerks, eingebettet in eine Zeit voller Legenden. Von Masca geht es weiter nach Las Portelas, ein Zentrum der Korbflechter.

◀ *Burg San Miguel in Garachico.* *Blick auf Portela.*

BUENAVISTA

Und von den Weilern von Buenavista geht es weiter zur Stadt; wir lassen Bananenplantagen und Kartoffelfelder hinter uns.
Geradlinige, breite Straßen, die von weiß strahlenden Häusern gesäumt werden, mit Balkonen im inseltypischen Stil. Buenavista del Norte, das sind Kunstschätze: Die Kirche der *Virgen de los Remedios*, mit Stilelementen aus dem 16. Jh., die in ihrem Innern eifersüchtig die Statue der Hl. Mutter Gottes der Immerwährenden Hilfe –der Namenspatronin der Kirche– aus dem selben Jahrhundert hütet. Oder die Kirchen *San Francisco*, *Alonso Cano* und *San José*. Kanarische und südamerikanische Goldschmiedearbeiten gehören ebenfalls zum Erbe der Stadt.

Im Oktober legt Buenavista sein Feiertagsgewand an, zu Ehren seiner Schutzheiligen, die im Jahr 1659 ein Wunder gewirkt haben soll, das den Ort von einer Heuschreckenplage befreite. Zu der Statue, die bei der Prozession durch die Straßen getragen wird, gehören auch Orchideen aus Gold und Silber, die von Emigranten aus Venezuela, der »achten Insel«, hierher gebracht wurden. Dieses volkstümliche Fest ist auch unter dem Namen »Fest der Grille« bekannt.

Buenavista del Norte, Städtchen der Landarbeit und des Kunsthandwerks, ist ein Teil der *Isla Baja* (Untere Insel); hier verschmelzen Gefühle und verwandeln sich in Fortschritt, hier vergräbt sich das Geheimnis seines Zaubers im Meer, um nicht in Trägheit oder kopflose Abenteuer zu verfallen.
Buenavista del Norte: Stadt des *Mencey* (Stammesfürst) Caconamio, dem bevorzugten *Tagoror* von Achaxucanac.

Buenavista del Norte.

Im Süden von *Echeide* stoßen wir, in der Nähe von Ucanca, auf ein Tal und eine Ebene: **Santiago del Teide.** Ein Gebiet, das von der starken Hand des Vulkans geformt wurde. Felsiger und scharfkantiger Grund, den der Berg durch alle Zeiten hindurch in seinen Armen wiegt. Über allem wachen hier die Gipfel von Abeque, die Vorposten von Zeiten des Schweigens. Santiago del Teide: Das sind Arguayo, Los Gigantes, Puerto Santiago mit seinem Strand namens *La Arena.* Und es ist lebendige Geschichte: hier herrschte Don Fernando del Hoyo; er ließ eine Kirche errichten und Santiago weihen, die später durch das Königliche Dekret vom 10.Mai 1678 zur Pfarrkirche erhoben wurde und den Namen *San Fernando Rey* erhielt.
Es ist auch ein durstiger Landstrich, mit Weinstöcken und *Tagasastes* überzogen, die seiner Finsterkeit ein freundlicheres Gesicht verleihen. Eine Landschaft, in der der Lavaschorf den Orten als edle Rüstung dient.

Verschiedene Ansichten von Santiago del Teide.
Links: Valle de Arriba. Unten: Hier wachsen kanarische Pinien.
Nächste Seite: Brücke der Heiligen Jungfrau.

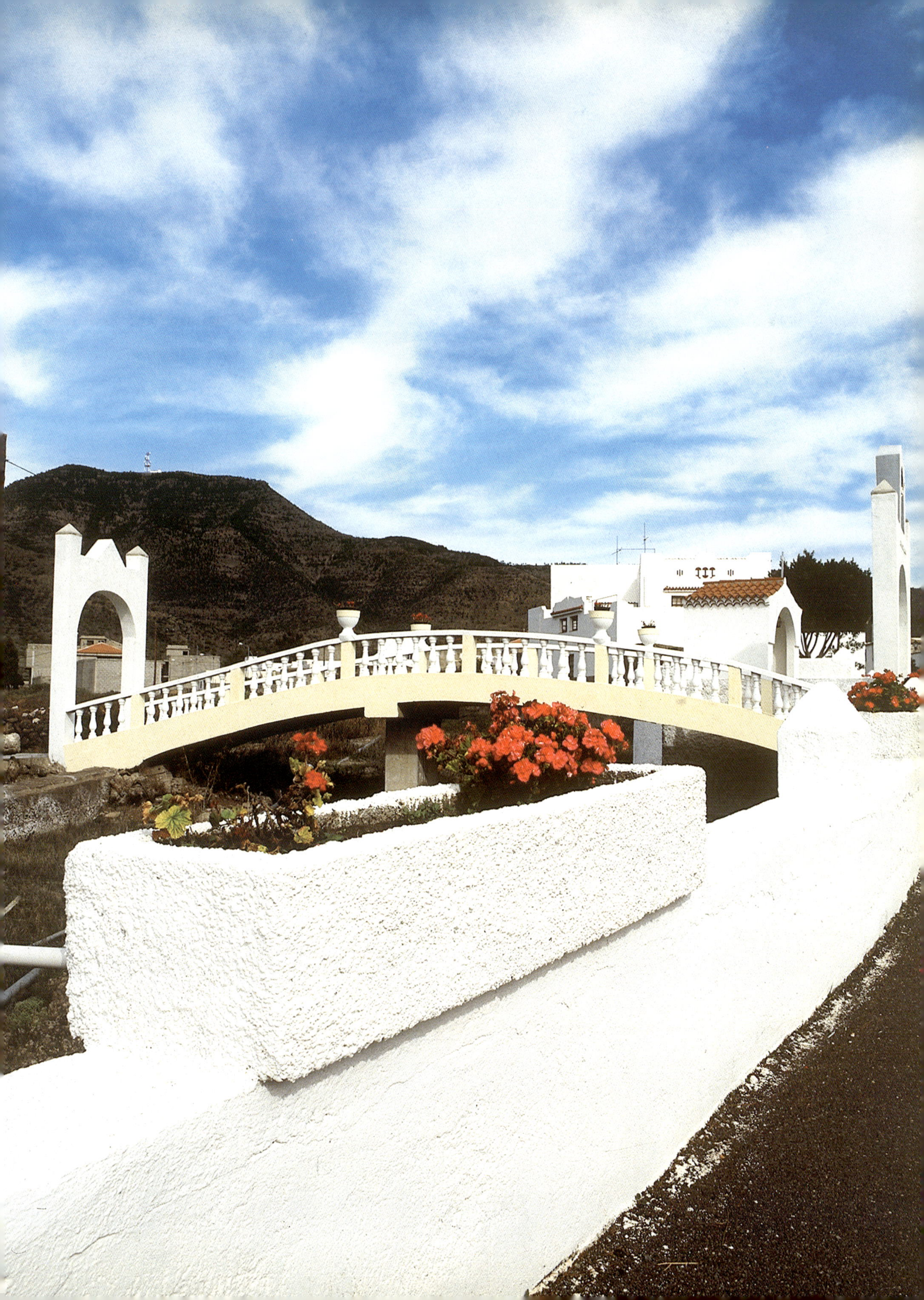

TENERIFE

48

*Gegenüberliegende Seite: Puerto Santiago und Los Gigantes.
Auf dieser Seite: Links: Puerto Santiago.
Unten: Tamaimo.*

Santiago del Teide: Küste der Götter in Puerto Santiago und *Los Gigantes* mit seinen jäh abfallenden Klippen. Durchgangsorte für die verschiedensten Sprachen und Kulturen, die die Umarmung mit dem Bodenständigen suchten. Touristenburgen, in denen die Vernunft herumtollt oder sich einfach im schwarzen Sand ausruht und die Gedanken schweifen läßt.
Und hier, auf diesem Meer der Seefahrer ohne Horizonte, durchpflügen Fischerboote und Jachten die Wellen.
An diesem unendlichen Ozean, auf einer Anhöhe ein Stück weit im Landesinneren, erhebt sich ein einzigartiges Viertel, ein Balkon, auf dem die Erinnerungen neuer Hoffnungen harren: **Tamaimo,** ein Ort voller Leben, mit seinem *Mirador de Lara* (Aussichtspunkt). Hier kennt die Arbeit keinen festen Tagesablauf.

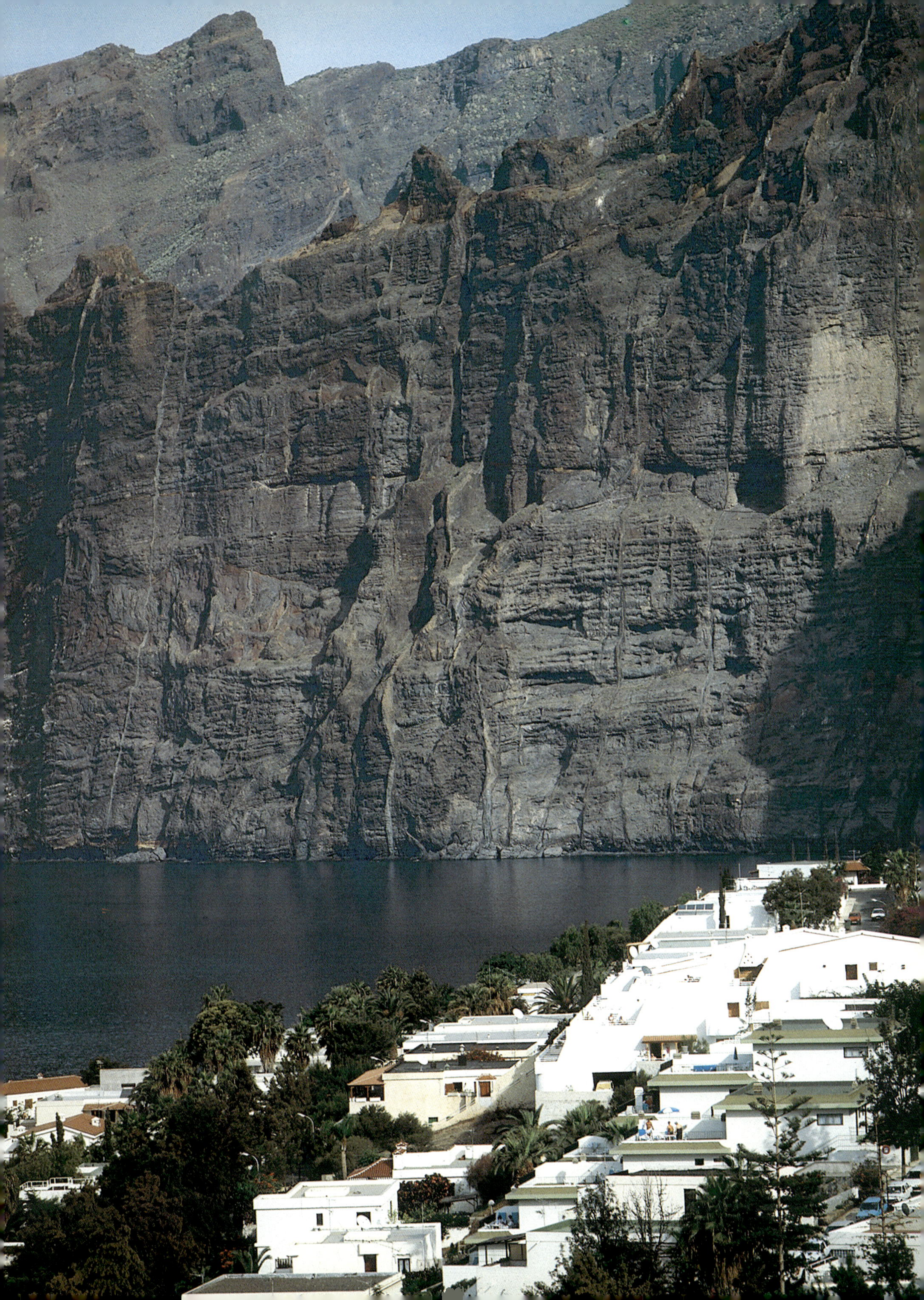

SANTIAGO DEL TEIDE

Ein düsterer Berg; von der Zeit abgeschieden, betrachtet er nachdenklich die Waldstücke, die in der Ruhe der Tage reglos bleiben.
Ein stiller Berg, Gottesacker der Geschichte, auf dem das Leben unzählige Episoden gesponnen hat. Die Gipfel von Abeque, von Bolicos; die Berge von Gala und Bilma, die in durstigen Ödnissen –von den Niederlagen im immerwährenden Kampf gegen den Vulkan Chinyero ausgelaugt– ersterben.
Ein untreuer Berg, in ewiger Liebe stets zu einem Seitensprung mit dem Dunst aufgelegt. Anhöhe, die zum Tal wird, um dem Leben Zuflucht zu bieten.
Ein Berggipfel in beständiger Begierde nach der Büste der *Nivaria,* im stillen Dialog mit dem Teide, um jahrhundertealte Traurigkeit zu verjagen, um die Gefühle der Ureinwohner herbeizusehnen, die in Arguayo ihre Heimstatt hatten.
Ein Berg, der seinen Fuß ins Meer hält, in diesen Ozean, der ihm täglich Salpeterschuhwerk für den Aufbruch ins Ungewisse anzieht.
Der Berg Santiago del Teide wird zum Bollwerk und zur Zuflucht für die wahren Empfindungen der Seelen, die hier nach dem Fortschritt streben.

Santiago del Teide.

TENERIFE

52

Wir fahren durch den Landkreis Isora weiter in den nächsten Ort: **Adeje.** Die ausgeprägte Erosion, unter der diese Gegend gelitten hat, hat im Hinterland sehr vielfältige, hochinteressante Formen hinterlassen, wie z.B. die Felsformationen *El Conde* (Der Graf), *El Roque de Imoque* und *El Roque de Abinque* oder der *Barranco del Infierno* (Höllenschlucht), und an der Küste hohe Felsklippen und schöne Strände hinterlassen, die Ziel eines stetig anwachsenden Touristenstroms sind, wie *Las Américas, Callao Salvaje* oder *Playa Paraíso.*
Diese Landstriche waren früher mit Tomatenpflanzen und Bananenbäumen bebaut, die dem Fortschritt weichen mußten; jetzt entstehen hier unzählige Siedlungen für die von weit her angereisten Touristen.

Barranco del Infierno (Höllenschlucht).

Detail in Adeje. ▶

Callao Salvaje.

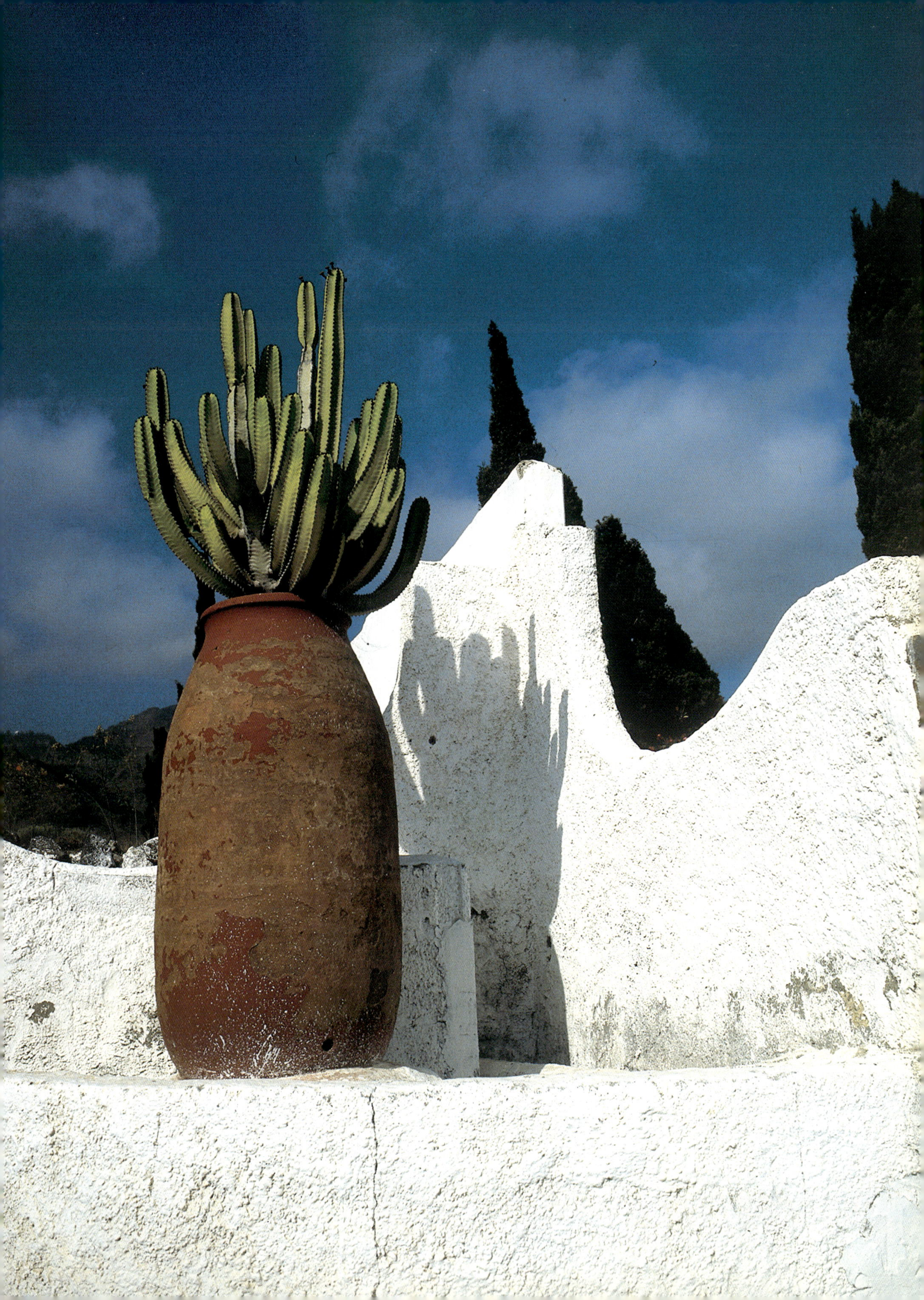

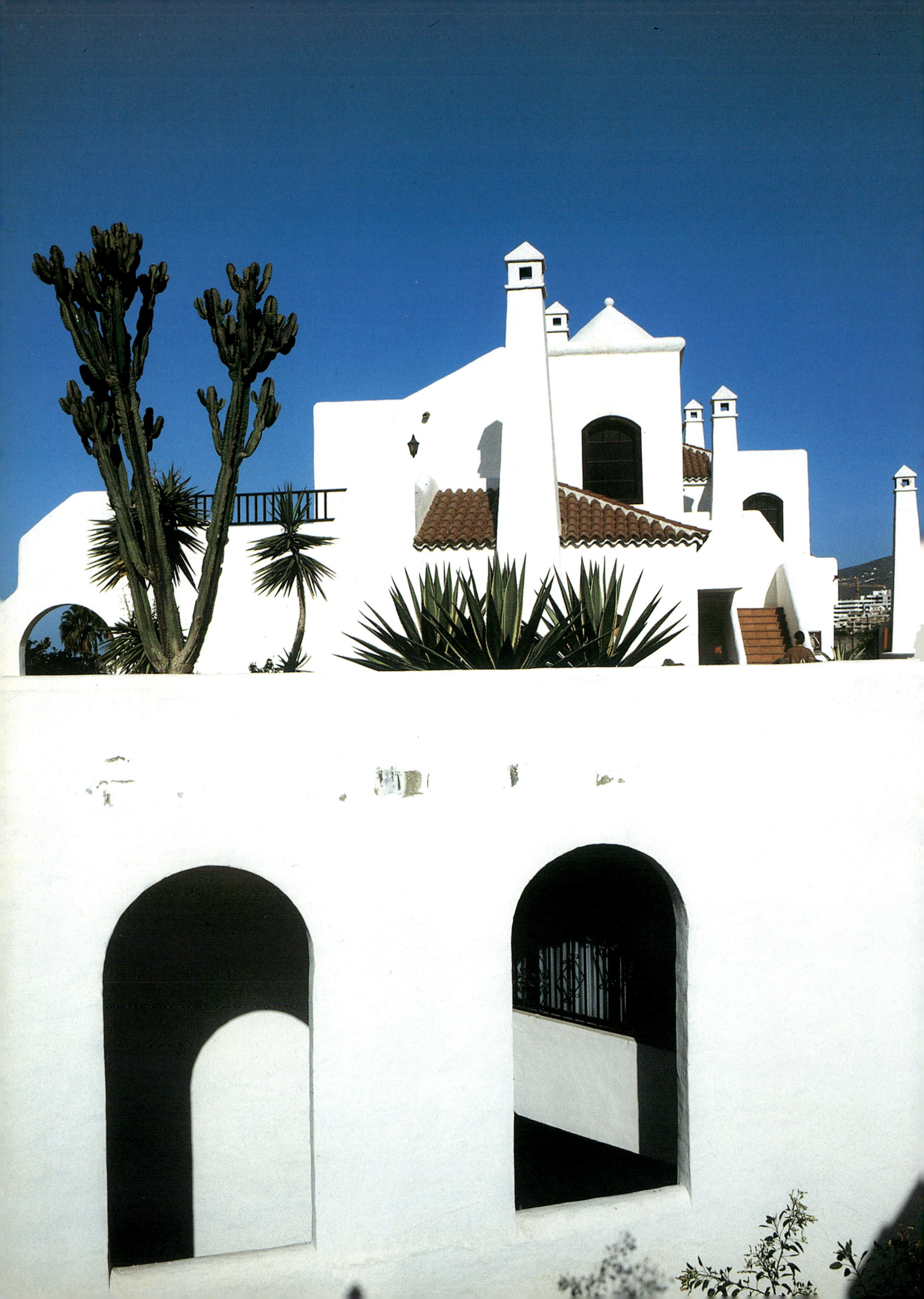

TENERIFE

An der Küste entlang folgen noch mehr Orte, wie **Torviscas,** eine Kleinstadt, in der sich mehrere Kulturen —vor allem aus dem alten Europa— vermischen. Dank des Klimas und dem Flair von Weltoffenheit, das in der Luft liegt, trifft man hier viele Fremde, die ihrem Heimatland den Rücken gekehrt haben, um hier in dieser überwiegend touristischen Gegend zu leben und ihre Bräuche mit denen in Einklang zu bringen, die sie aus ihrer Umgebung aufnehmen.

Hier hat man alle erdenklichen Bequemlichkeiten, ohne sich an andere Orte begeben zu müssen. Die Architektur, die sich in die Landschaft einfügt und diese ergänzt, bietet einen weiteren Anreiz für die ruhelosen Ausländer und die unermüdlichen Globetrotter, die auf der Suche nach Ruhe und Frieden sind.

Verschiedene Ansichten von Torviscas.

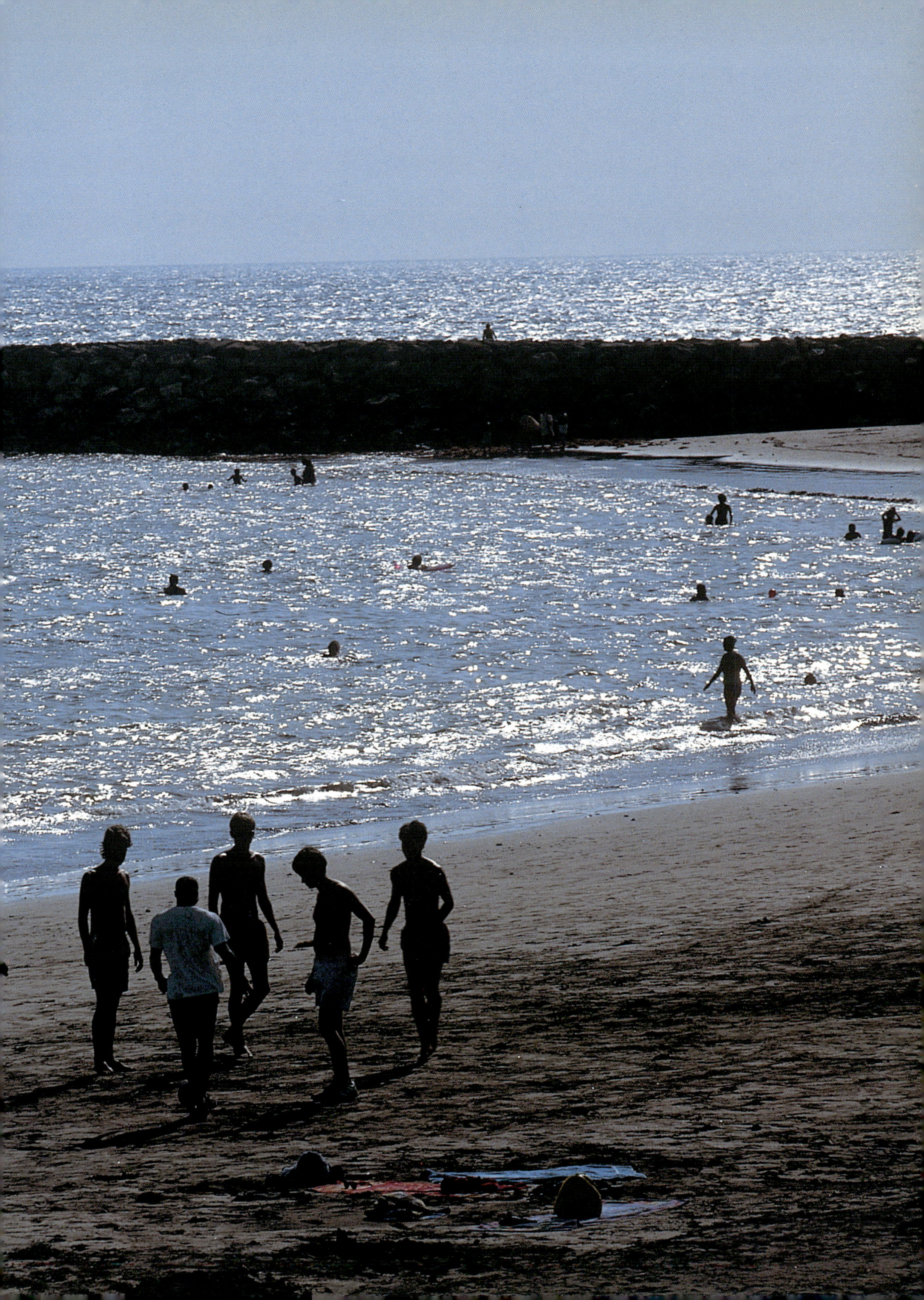

TENERIFE

58

Gegenüberliegende Seite und vorhergehende Doppelseite: Playa de las Américas. Links: Aqua-Park.

Und von Torviscas geht es weiter nach **Playa de Las Américas,** eine Siedlung, von der Adeje und Arona profitieren. An seiner Küste entschied einst Tinerfe der Große, der König der *Menceyes,* viele seiner Vorhaben für das Wohl der Insel. Dem Besucher stehen verschiedene Badebuchten und eine große Auswahl an Häusern und Appartmentblocks, zusammen mit den notwendigen Einrichtungen zur Freizeitgestaltung, zur Verfügung. Und die Pflanzenwelt, die diesem Ort der vielen Sprachen Sauerstoff zum Atmen spendet, vermittelt das exotische Flair.
Riffe, Deiche und Wellenbrecher für ein Meer im Ruhezustand, in dem die Seufzer Unterwassersport betreiben.
Las Américas verfügt auch über einen Schutzhafen für Sportboote: Der **Puerto Colón** (Kolumbushafen). Hier liegen, Bordwand and Bordwand, Boote und Schiffe, die ständige Erholung verheißen, mit Blick auf das offene Meer, das eifersüchtig über Geheimnisse, Geständnisse, oder auch einfach nur Gefühle wacht.

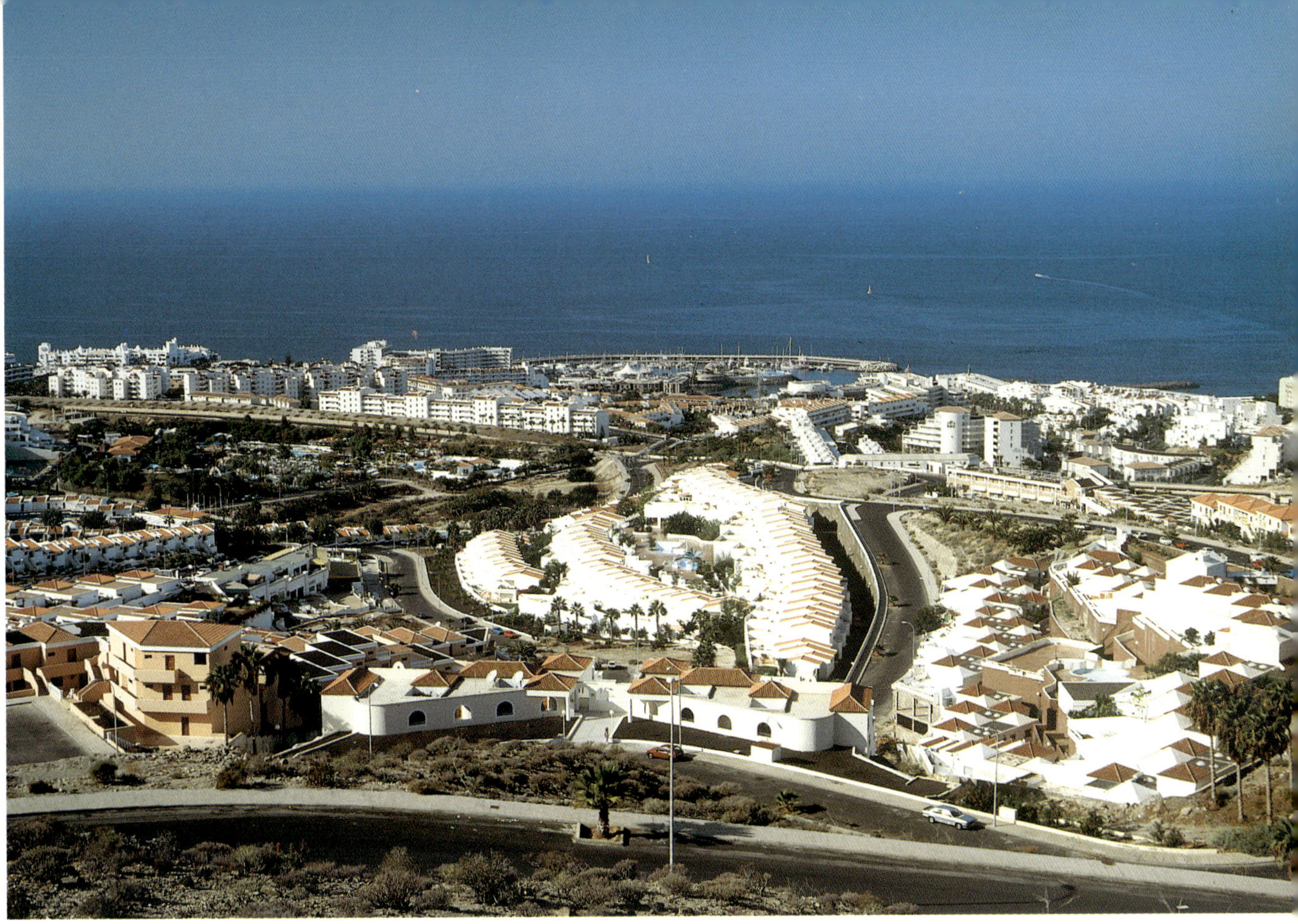

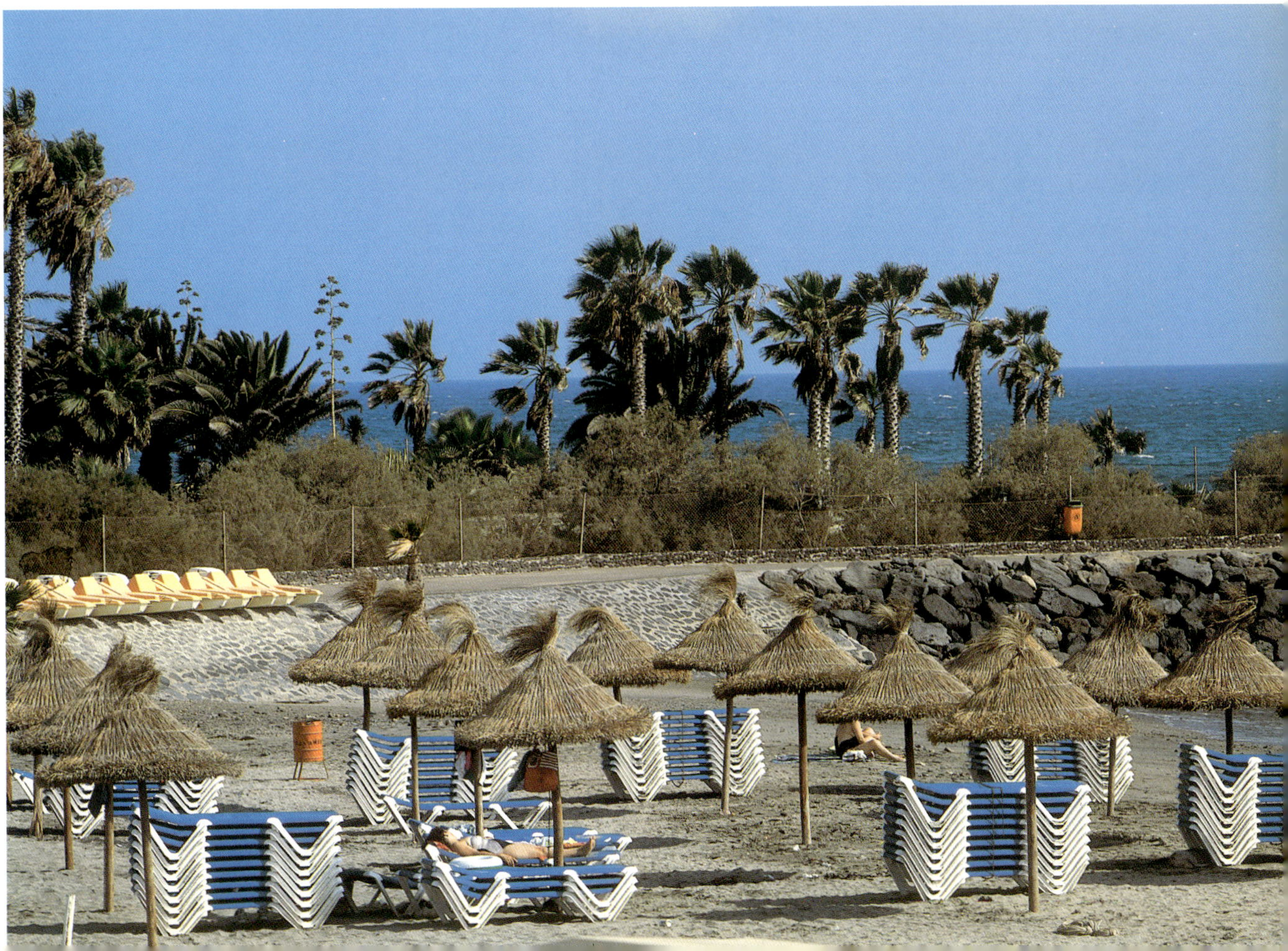

TENERIFE

60

Auf dieser Seite: Zwei Ansichten der Playa de las Américas.

Die Straßen dieser Touristensiedlungen liegen im rechten Winkel zueinander. Am Meer entlang verlaufen weitläufige Promenaden, an denen sich eine Unzahl von Lokalen drängt. An vielen Ecken stößt man auf Plätze oder offene Räume mit modernen Skulpturen, die eine Heldentat, eine historische Persönlichkeit oder das Flair, das der betreffende Ort ausstrahlt, zum Thema haben.
An den Stränden aus schwarzem und goldgelben Sand kommt die See zur Ruhe, die nur ab und an von einer leichten Brise gestört wird.
Das ist die Küste von Atguaxona oder Atbitocazpe, eine Wiederauferstehung von Absichten und des Willens; sie verhießen günstige Geschicke.

TENERIFE

Auf dieser und den beiden nachfolgenden Seiten: Verschiedene Ansichten von Puerto Colón.

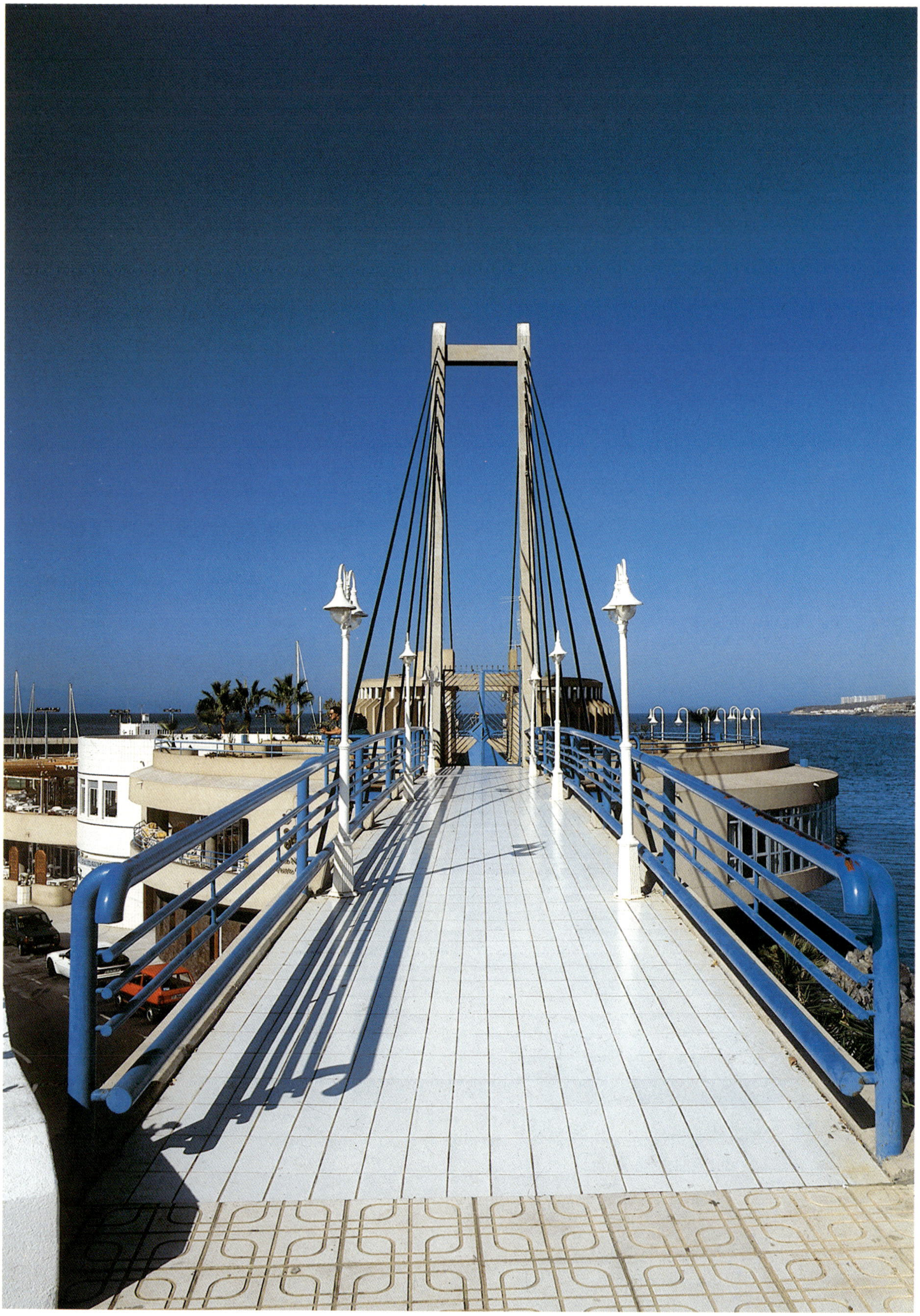

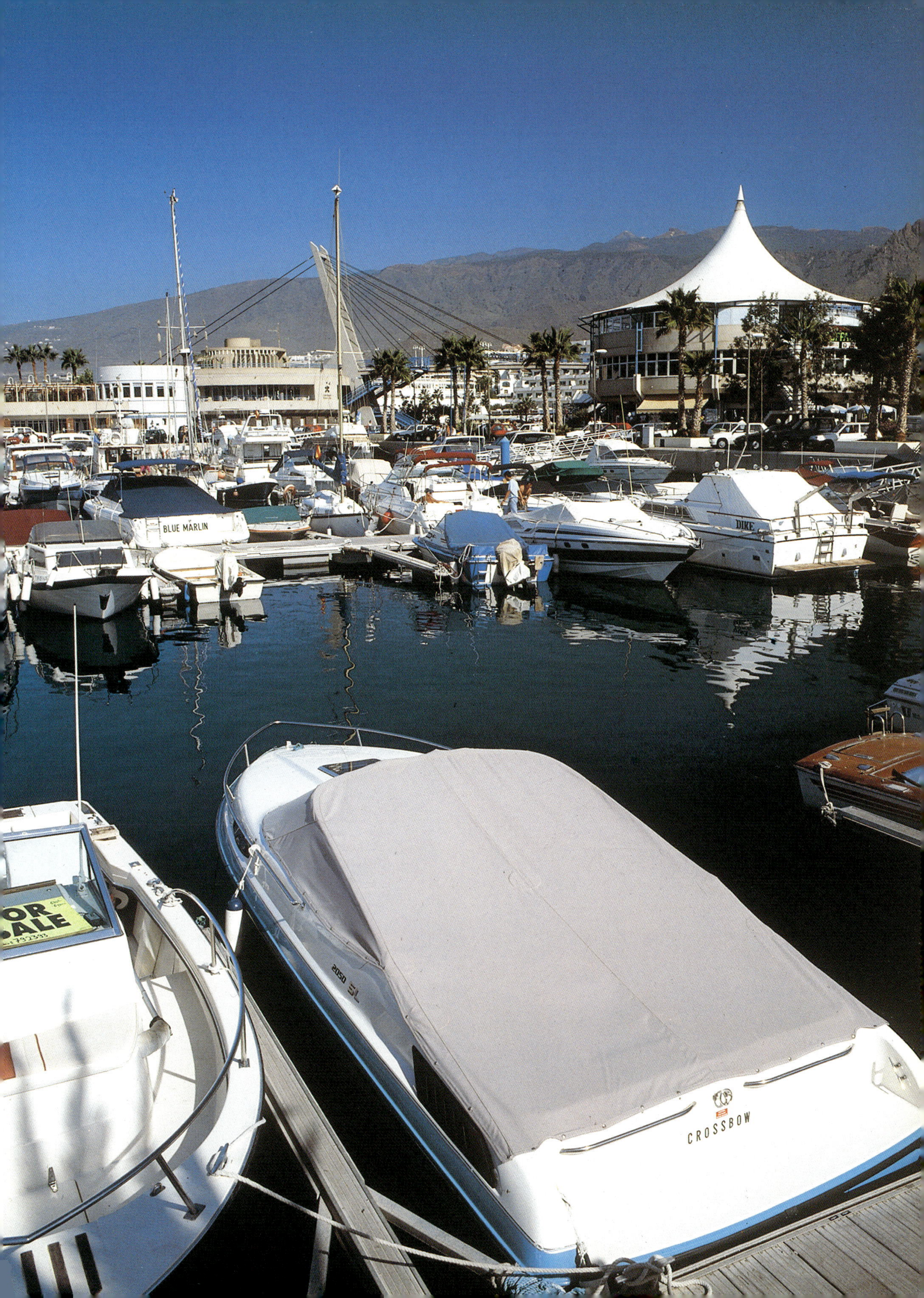
BLUE MARLIN
DIKE
2050 SL
CROSSBOW

Auf dieser Seite: Ansicht der Gegend um Arona. Auf der gegenüberliegenden Seite: Das Tal von San Lorenzo.

Von der Küste bei Adeje begeben wir uns auf die Höhen des Landkreises von Abona, im Landkreis von Chasna. Hier gelangen wir zur Gemeinde von **Arona.**
Arona: Hier ragen der *Roque de Vento,* die Berge Chijafe, Higara und Chineja empor, stumme Vorgebirge voller Einsamkeit.
Im *Valle de San Lorenzo* schöpft die Landwirtschaft aus dem Vollen. Hier wachsen Bananenbäume, Tomatenpflanzen und andere Nutzgewächse neben Disteln und anderen einheimischen Pflanzen und Sträuchern.
Arona hat auch seine Geschichte: Der Bischof Tavira machte 1796 die Kirche von *San Antonio Abad* –um die Mitte des 17. Jh. erbaut– zum Mittelpunkt einer neuen Pfarrei. Sie birgt wertvolle Kunstschätze wie den *Cristo de la Salud* (Christus der Gesundheit) und eine Immaculata, beide aus dem 18. Jh.
Arona hat auch Küste. Hier bieten sich Komplexe wie *Los Cristianos, Costa del Silencio, Las Galletas, Ten Bel, Palm-mar,* etc., an; auf diese Strände prallt mit Wucht das offene Meer: ideale Bedingungen für Windsurfer.
Der Seehafen von **Los Cristianos.** Ihn passieren geschäftig und voll Eile die Reisenden auf die Insel von Kolumbus, ein Strom von Immigranten auf der Suche nach besseren Geschicken.

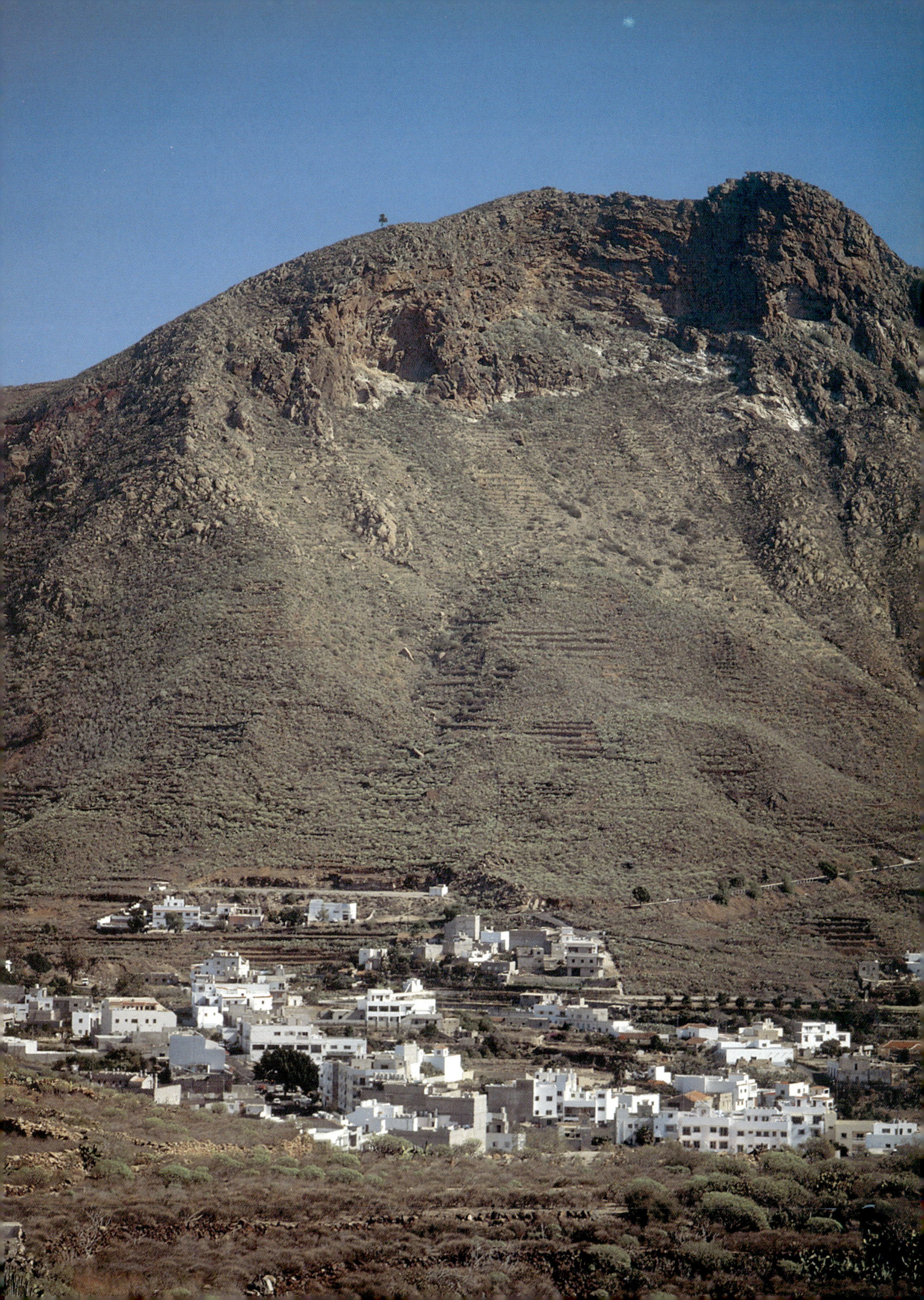

TENERIFE

66

Zwei Ansichten von Los Cristianos.

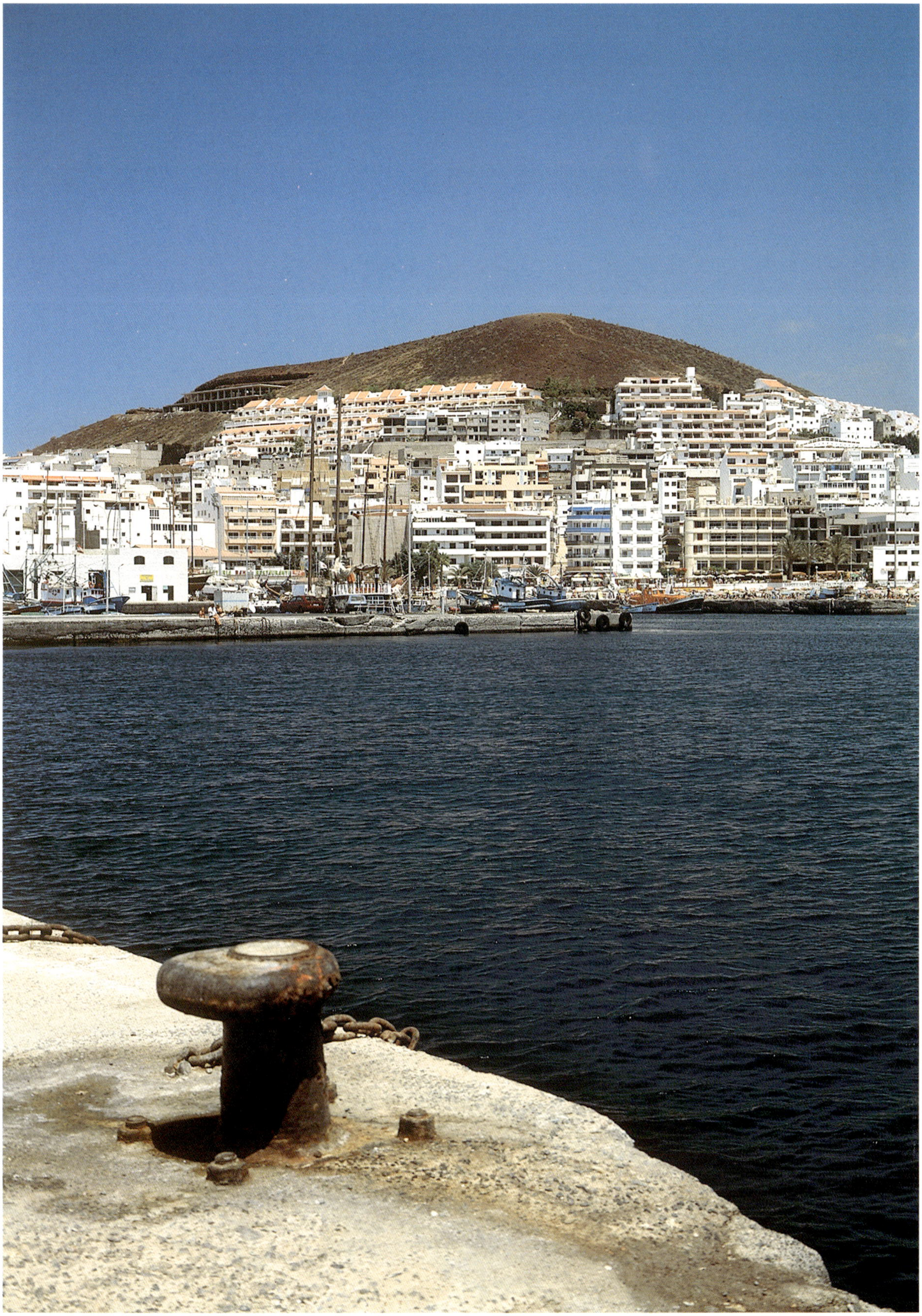

TENERIFE

68

Angler im Hafen von Los Cristianos.

La Costa del Silencio.

La Costa del Silencio.

TENERIFE

70

*Auf dieser und der nächsten Seite: Ansichten der Playa del Médano.
Auf den beiden folgenden Seiten: Ansichten von Granadilla und Vilaflor.*

TENERIFE

71

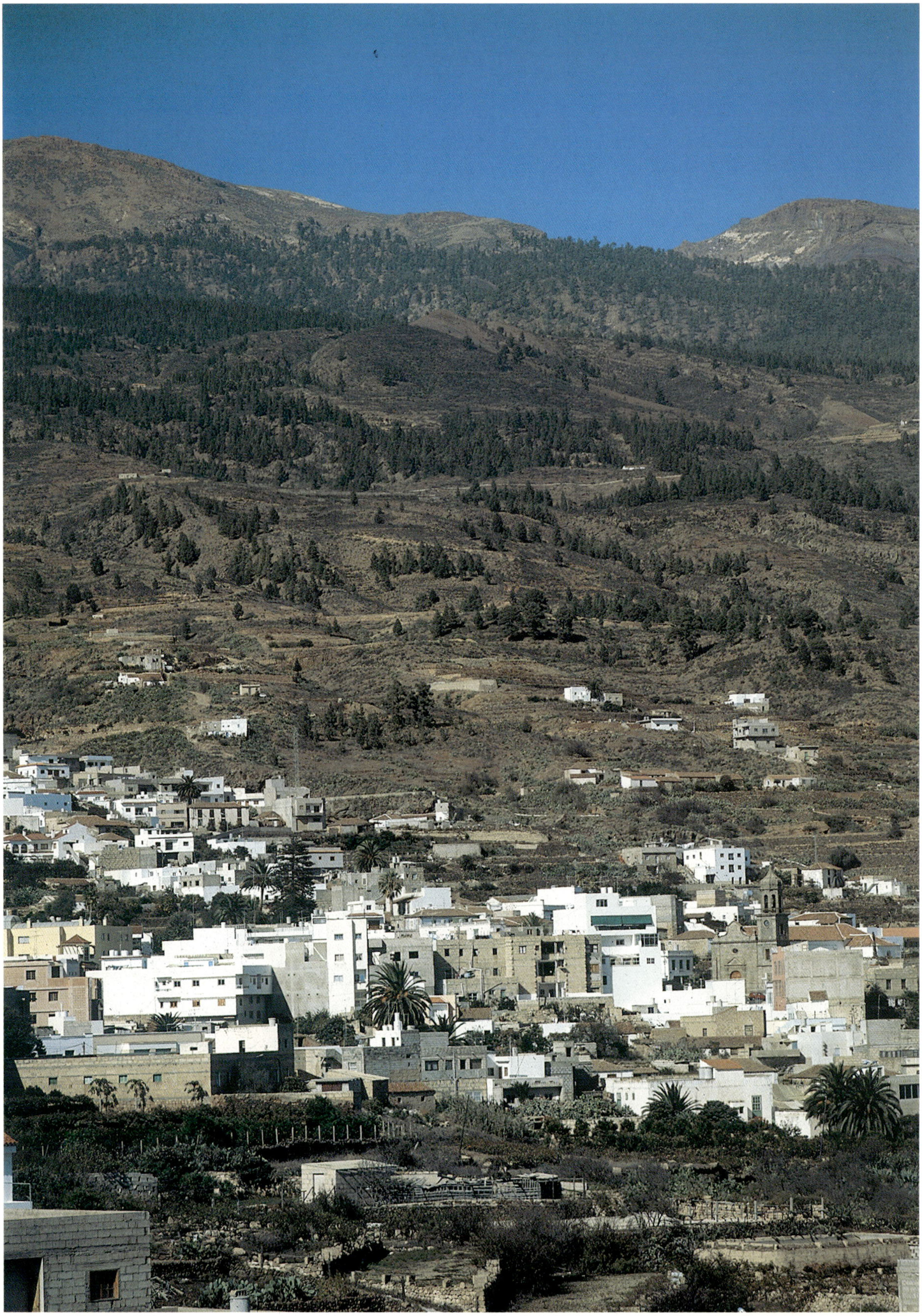

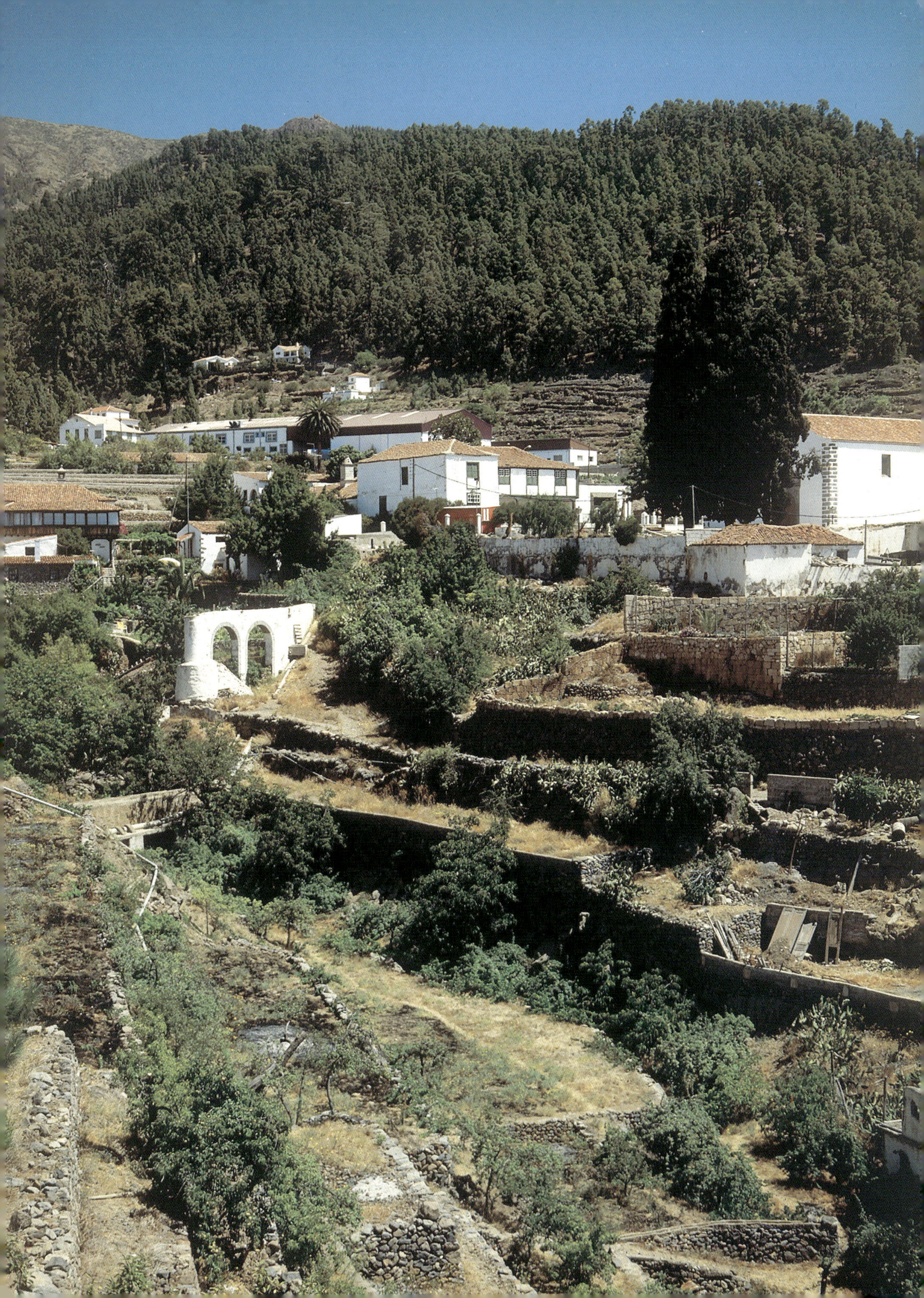

TENERIFE

74

Kirche von Güímar. *Zwei Ansichten von Candelaria.* ▶

Landstriche des Südens, durstig und stumm; sie zählen auf die jederzeit willkommene Gesellschaft des Windes, der nachmittags oft pfeifend von den Gipfeln herabsteigt. Landstriche, auf deren abgefahrenen Wegen wir zu einer Stadt inmitten eines Tals gelangen. Zuvor jedoch passieren wir El Escobonal, im Landkreis von Agache, Lomo de Mena, La Medida oder Chacona de Arriba, halten am Aussichtspunkt von *Don Martín,* wo wir den Ausblick auf die Insellandschaft genießen, die zu unseren Füßen liegt. Bergabwärts kommen wir in die Stadt **Güímar,** die den Chroniken zufolge in der Mitte des 16. Jh. gegründet wurde, im Viertel von *San Juan* um die gleichnamige Einsiedelei herum. Ganz in der Nähe finden wir den Ursprung von *El Río* und des *Barranco de Badajoz.* Auf der Anhöhe, ein weiterer Ort: **Arafo;** die Berghöhen, die Hänge und die Barrancos dieser Gemeinde sind von Pinien bestanden. Am Ortseingang erhebt sich eine Pinie, stolz, kriegerisch, herausfordernd, wie der Wachposten einer Kapelle, in der eine Christusfigur steht, die im Volksmund »Der Herr von der Pinie« genannt wird. Die Sägemühle ist Kern und Ursprung dieser Gemeinde inmitten von Feldern, Plantagen und Weideland. Die Weiden liegen im Gebiet von Chivisaya und Afoña, den ewigen Wächtern an den Hängen von *El Gorgo.*

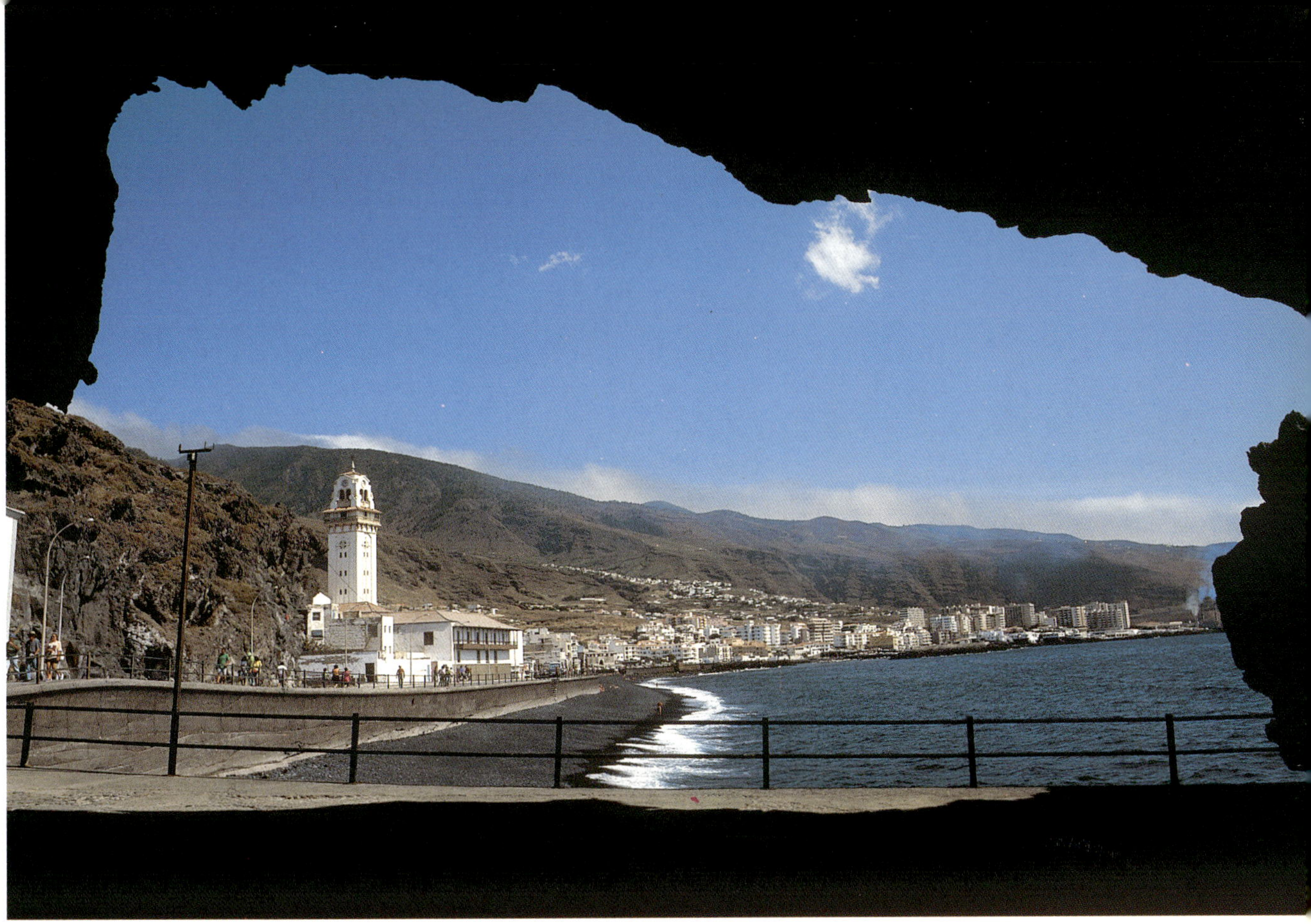

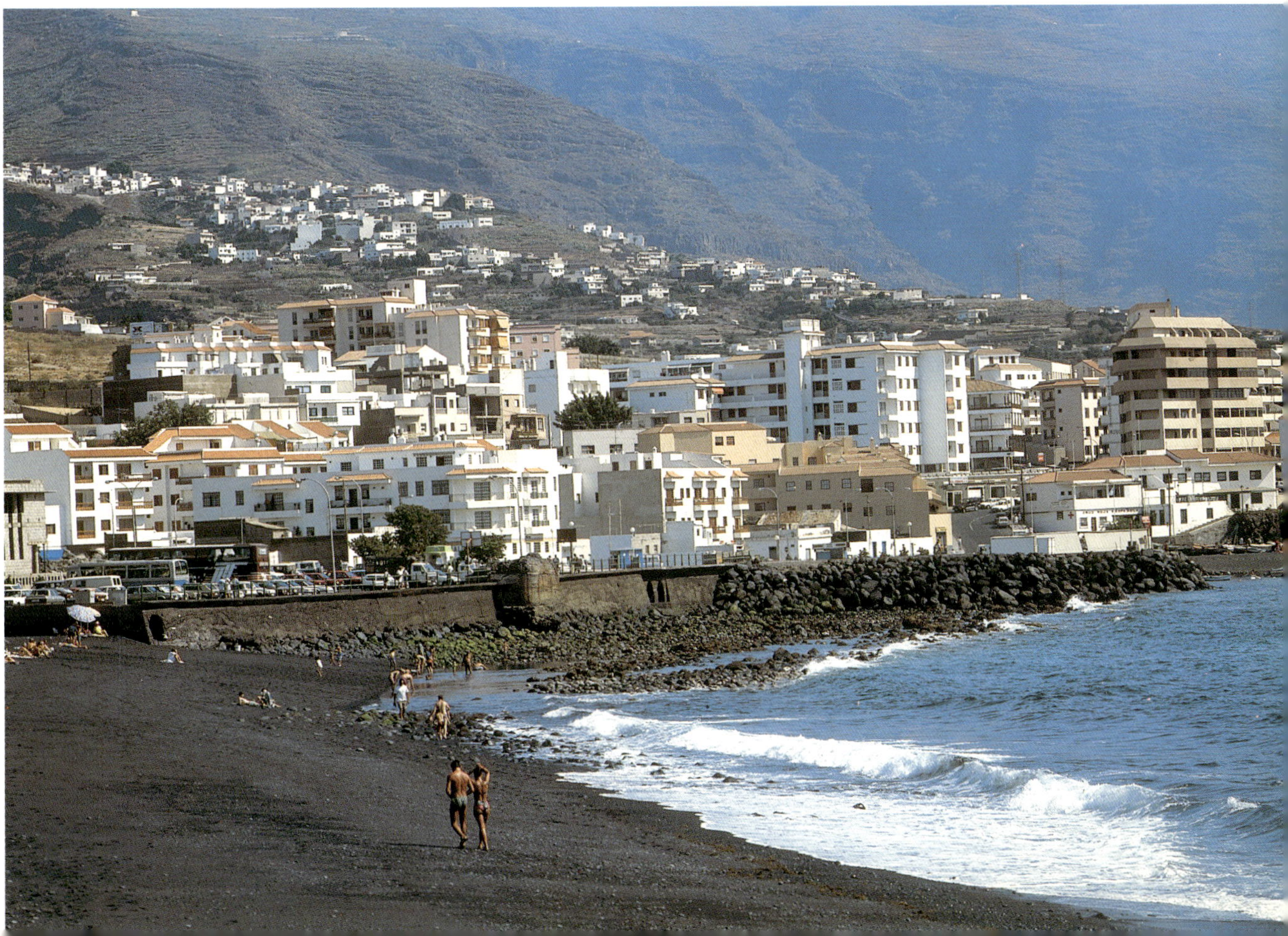

TENERIFE

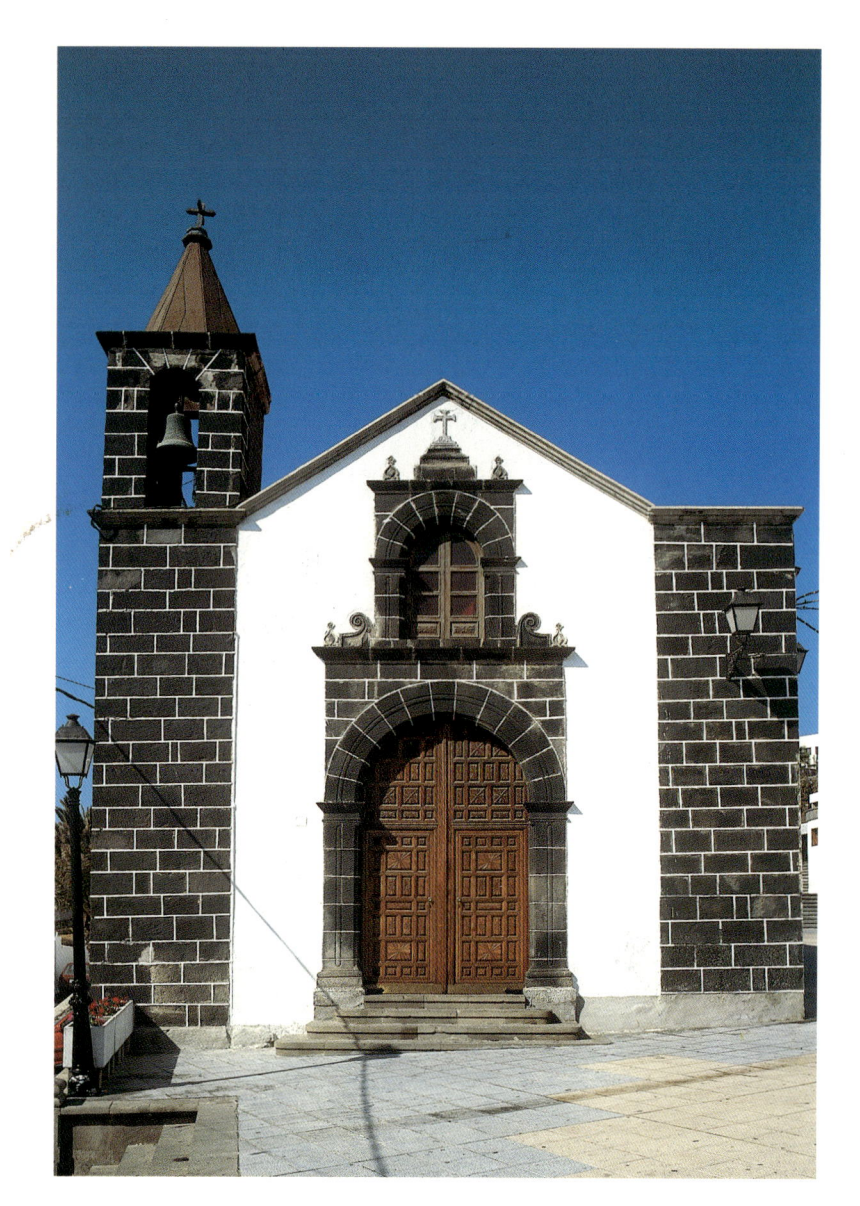

*Candelaria.
Kirche.*

Candelaria ist die letzte Gemeinde, die zum Landkreis von Güímar gehört, mit einer Fläche von 49,52 km².
Die Stadt liegt an der Steilküste, imitten schroffer Gebirgszüge. Der Ort steht von Anfang an unter dem Schutz der Hl. Jungfrau Maria, der Schutzpatronin von Canarias. Die ursprüngliche Figur ging 1826 bei einer Sturmflut verloren, die auch die Burg und das Dominikanerkloster mit sich riß.
Es heißt, der Ursprung der Stadt lag im Viertel *Santa Ana,* das sich auf einer Felsklippe um die gleichnamige Kirche herum erhebt. Viele Häuser dieses Stadtteils haben die traditionelle Architektur bewahrt.
Der Platz der Basilika wird von den Menceyes der Guanches bewacht; sehenswert auch die Viertel *La Hoya* und *El Pozo,* oder der Strand *El Chinchorro,* mit langjähriger Fischereitradition.
Candelaria: Stadt und Küste sind für Touristen da, mit ihren kleinen Buchten, und mit Kunstschätzen. Candelaria ist aber auch eine Industriestadt mit prosperierender Wirtschaft, die tausenderlei Perspektiven umzusetzen versucht, auf der Suche nach dem Fortschritt, in einem Landkreis inmitten eines Tals der Abenteuer. Mit einem Flair von Weltläufigkeit verfolgt sie neue Ziele, um nicht unterzugehen.

*Zwei Beispiele der volkstümlichen Kultur Teneriffas: Oben: Korbmacher in Los Realejos.
Unten: Gofio amasado, das kulinarische Aushängeschild der Insel.*

Zukunft und Vergangenheit: Oben: Astrophysisches Observatorium. Unten: Guanche-Mumien (kanarische Ureinwohner) im Museum von Santa Cruz. Rechts: Folklore der Insel: Mädchen bei einer Wallfahrt in La Orotava. Auf der letzten Seite: Detail einer typischen Tracht.

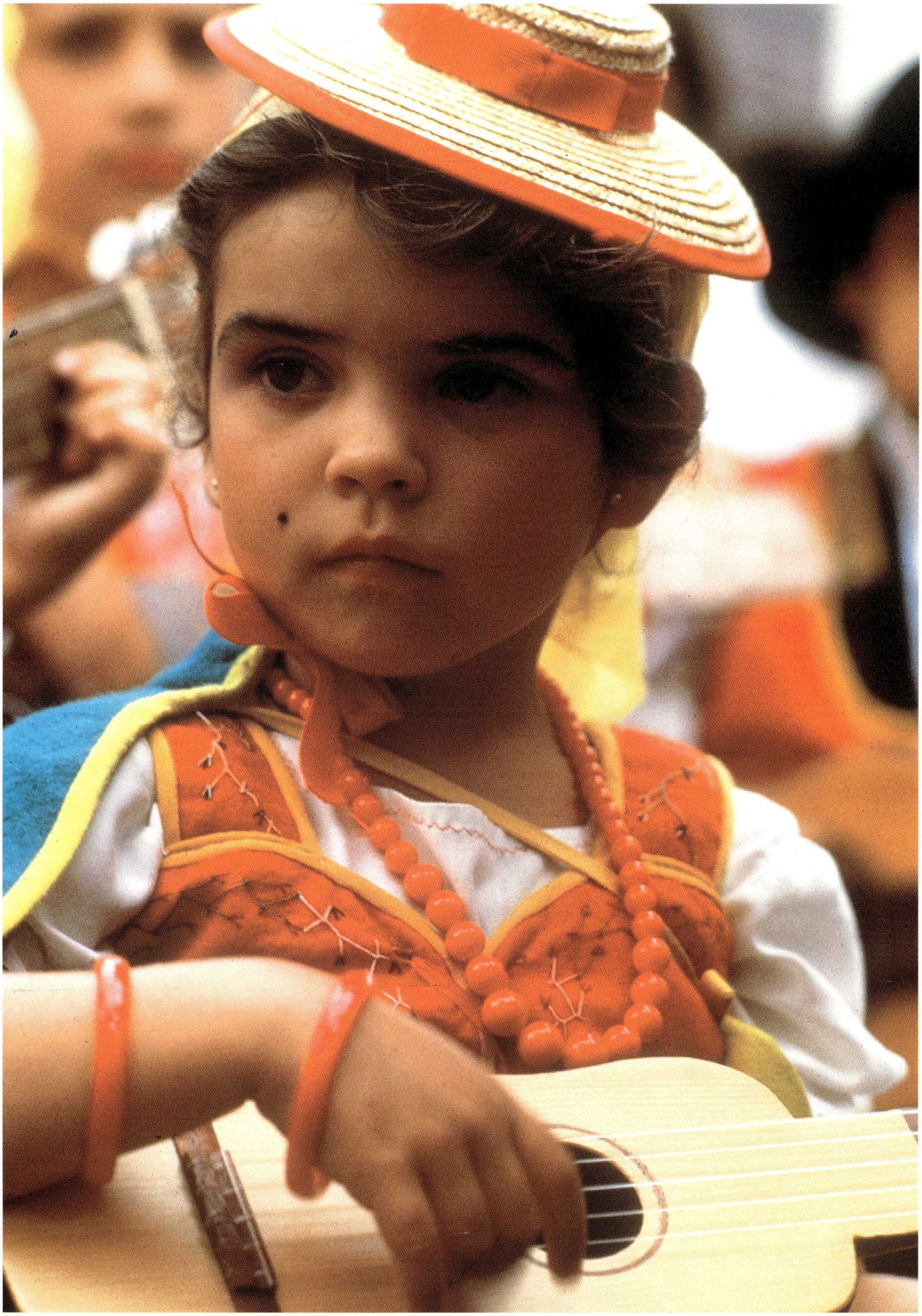